留学生の就活入門

日本で就職したい留学生のために

南雲 智＋寺石雅英〔編著〕

一般社団法人
留学生就職サポート協会

はじめに

今《いま》この本《ほん》を手《て》にしているあなたは、海外《かいがい》から日本《にほん》にやって来《き》た留学生《りゅうがくせい》の方《かた》でしょうか。それとも留学生《りゅうがくせい》の日本《にほん》での親代《おやが》わりを務《つと》めている保証人《ほしょうにん》の方《かた》でしょうか。もしかしたら、大学《だいがく》や専門学校《せんもんがっこう》で留学生《りゅうがくせい》の学業《がくぎょう》や進路《しんろ》の指導《しどう》を担当《たんとう》している教職員《きょうしょくいん》の方《かた》かもしれませんね。

本書《ほんしょ》は、そうした留学生《りゅうがくせい》本人《ほんにん》や留学生《りゅうがくせい》に関《かか》わっているすべての方《かた》が、留学生《りゅうがくせい》の就職活《しゅうしょくかつ》動《どう》に関《かん》する正《ただ》しい知識《ちしき》を持《も》ち、それぞれの時点《じてん》で何《なに》をすべきか、どんなアドバイスや支援《しえん》をすべきかの判断《はんだん》ができるよう、必要不可欠《ひつようふかけつ》な情報《じょうほう》をコンパクトにまとめたガイドブックです。

前著《ぜんちょ》『留学生《りゅうがくせい》の日本《にほん》就職《しゅうしょく》ガイド二〇二一《にせんにじゅういち》』は、内容《ないよう》が盛《も》りだくさんで、留学生《りゅうがくせい》の方《かた》が全編《ぜんぺん》を読《よ》みこなすのは大変《たいへん》だったと思《おも》いますので、今回《こんかい》は内容《ないよう》を六割《ろくわり》ほどに減《へ》らし、本《ほん》のサイズや文字《もじ》サイズも大《おお》きくして、留学生《りゅうがくせい》の方《かた》が読《よ》みやすく理解《りかい》しやすいことを目指《めざ》しました。

日本《にほん》では多《おお》くの企業《きぎょう》が、今後《こんご》の戦略《せんりゃく》の中核《ちゅうかく》を担《にな》う人材《じんざい》として、優秀《ゆうしゅう》な留学生《りゅうがくせい》を採用《さいよう》したいと真剣《しんけん》に考《かんが》えるようになってきました。これは、少子高齢化《しょうしこうれいか》により日本人《にほんじん》の若年労働者《じゃくねんろうどうしゃ》が枯渇《こかつ》しているから外国人《がいこくじん》に依存《いぞん》せざるを得《え》ないという、消去法的《しょうきょほうてき》な理由《りゆう》ばかりでなく、グローバル化《か》が進展《しんてん》するなか、コミュニケーション能力《のうりょく》やダイバーシティへの適応力《てきおうりょく》という観点《かんてん》で、日本人《にほんじん》よりも外国人留学生《がいこくじんりゅうがくせい》の方《ほう》がはるかに優《すぐ》れているという、積極的《せっきょくてき》な理由《りゆう》に基《もと》づくものです。

一方《いっぽう》において、日本企業《にほんきぎょう》で働《はたら》くことを望《のぞ》んでいる留学生《りゅうがくせい》も、かなりの数《かず》に上《のぼ》るわけですから、両者《りょうしゃ》がうまく出逢《であ》うことさえできれば、留学生《りゅうがくせい》にとっても日本企業《にほんきぎょう》にとってもハッピーな結果《けっか》となるはずなのですが、このマッチングがそう簡単《かんたん》ではないのです。多《おお》くの留《りゅう》学生《がくせい》は、日本企業《にほんきぎょう》がどんな人材《じんざい》を求《もと》めているかを理解《りかい》していないため、自分《じぶん》の強《つよ》みや持《も》ち味《あじ》を効果的《こうかてき》にアピールできずにいます。日本企業《にほんきぎょう》も、留学生《りゅうがくせい》の採用《さいよう》に慣《な》れていないため、日本人《にほんじん》に適用《てきよう》する尺度《しゃくど》で留学生《りゅうがくせい》も評価《ひょうか》することから、真《しん》の逸材《いつざい》を見逃《みのが》してしまうことが多《おお》いのです。こうした留学生《りゅうがくせい》と企業《きぎょう》とのすれ違《ちが》いによる悲劇《ひげき》を防《ふせ》ぐことも、本書《ほんしょ》の重要《じゅうよう》な目的《もくてき》です。

本書《ほんしょ》は、大《おお》きく3つの部分《ぶぶん》に分《わ》けられます。

第《だい》1章《しょう》から第《だい》3章《しょう》では、現在《げんざい》の日本《にほん》の産業界《さんぎょうかい》においては、留学生《りゅうがくせい》の日本《にほん》での就職《しゅうしょく》が熱望《ねつぼう》されており、各種《かくしゅ》の法律《ほうりつ》や政策《せいさく》もそれを強烈《きょうれつ》に後押《あとお》ししているものの、実際《じっさい》にはそう簡単《かんたん》に就職《しゅうしょく》が決《き》まる状況《じょうきょう》にはなっていないという、矛盾《むじゅん》に満《み》ちた現状《げんじょう》とその原因《げんいん》を明《あき》らかにします。

第《だい》4章《しょう》から第《だい》7章《しょう》では、留学生《りゅうがくせい》の目《め》の前《まえ》に立《た》ちはだかる「就職《しゅうしょく》の壁《かべ》」を乗《の》り越《こ》えるためには、具体的《ぐたいてき》にどんな準備《じゅんび》や工夫《くふう》や心構《こころがま》えが必要《ひつよう》となるのかを、日本企業《にほんきぎょう》の採用活動《さいようかつどう》の特性《とくせい》や人事担当者《じんじたんとうしゃ》の典型的《てんけいてき》な思考《しこう》パターンを踏《ふ》まえて、詳細《しょうさい》にアドバイスします。

第《だい》8章《しょう》と第《だい》9章《しょう》では、めでたく企業《きぎょう》から内定《ないてい》を取得《しゅとく》した後《あと》、入社《にゅうしゃ》までに確実《かくじつ》に済《す》ませなければならない在留《ざいりゅう》資格《しかく》変更《へんこう》の手続《てつづ》きに熟知《じゅくち》するとともに、入社後《にゅうしゃご》に困《こま》らないレベルまで、日本《にほん》企業《きぎょう》の仕組《しく》みやルールについての知識《ちしき》を高《たか》めます。

さあ、本書《ほんしょ》を読《よ》み進《すす》めることで、日本《にほん》で就職《しゅうしょく》するための極意《ごくい》を会得《えとく》しましょう！

寺《てら》石《いし》 雅《まさ》英《ひで》

留学生《りゅうがくせい》の就活入門《しゅうかつにゅうもん》——日本《にほん》で就職《しゅうしょく》したい留学生《りゅうがくせい》のために　目次《もくじ》

第《だい》6章《しょう》 エントリーシートを書《か》く

留《りゅう》学生《がくせい》の就活《しゅうかつ》入門《にゅうもん》——日本《にほん》で就職《しゅうしょく》したい留学生《りゅうがくせい》のために

第《だい》1章《しょう》　日本《にほん》の産業界《さんぎょうかい》は留学生《りゅうがくせい》を求《もと》めている

1　あなたが日本《にほん》で就職《しゅうしょく》する意味《いみ》

日本《にほん》は65歳以上《さいいじょう》のお年寄《としよ》りが全人口《ぜんじんこう》の25％を超《こ》える「超高齢化社会《ちょうこうれいかしゃかい》」となっています。日本《にほん》の全人口《ぜんじんこう》のうち、４分《ぶん》の１の人《ひと》が年金暮《ねんきんぐ》らしをしています。こうしたお年寄《としよ》りの生活《せいかつ》を支《ささ》えているのは、働《はたら》いている人《ひと》たちです。

ところが、２０１９年《ねん》５月《がつ》４日《にち》に発表《はっぴょう》された総務省《そうむしょう》の統計《とうけい》によりますと、現在《げんざい》、日本《にほん》の15歳未満《さいみまん》の子供《こども》（生産年齢《せいさんねんれい》になっていない、まだ義務《ぎむ》教育《きょういく》を受《う》けている中学生《ちゅうがくせい》までの人《ひと》）の数《かず》が、男子《だんし》７８５万人《まんにん》、女子《じょし》７４８万人《まんにん》の合計《ごうけい》１５３３万人《まんにん》だったそうです。２０１８年《ねん》より20万人減少《まんにんげんしょう》して、過去最低《かこさいてい》となり、１９８２年《ねん》（昭和《しょうわ》57）から38年間《ねんかん》、減《へ》り続《つづ》けています。

日本《にほん》では、２０１９年《ねん》に総人口《そうじんこう》のうち、子《こ》どもの割合《わりあい》が１２．１％と、これまでの最低《さいてい》記録《きろく》となって、１９７５年《ねん》（昭和《しょうわ》50）から45年間《ねんかん》、減《へ》り続《つづ》けています。中学生《ちゅうがくせい》までの子《こ》どもより65歳以上《さいいじょう》の高齢者《こうれいしゃ》が倍以上《ばいいじょう》いることになるわけです。日本《にほん》の労働力《ろうどうりょく》がたくさんの業《ぎょう》種《しゅ》で不足《ふそく》しているのです。

このような日本《にほん》になってしまった大《おお》きな要因《よういん》は、出産数《しゅっさんすう》が減《へ》り続《つづ》けて、少子化状況《しょうしかじょうきょう》になっているからです。人口《じんこう》の減少《げんしょう》は労働人口《ろうどうじんこう》の減少《げんしょう》につながってしまいます。そして、もう一《ひと》つの大《おお》きな要因《よういん》は、高齢化社会《こうれいかしゃかい》になってしまっているからです。

この「少子高齢化《しょうしこうれいか》」は、経済《けいざい》を持続的《じぞくてき》に発展《はってん》させ、国《くに》を豊《ゆた》かにさせ、人《ひと》びとが安心《あんしん》して暮《く》らすためには、大《おお》きなマイナス要因《よういん》となります。日本《にほん》がこれからも経済的《けいざいてき》に成長《せいちょう》していくためには、まず十分《じゅうぶん》な働《はたら》き手《て》が必要《ひつよう》です。日本《にほん》では多《おお》くの企業《きぎょう》で人手《ひとで》不足《ぶそく》が深刻《しんこく》になってきているのです。現在《げんざい》の日本《にほん》では、

生産年齢人口《せいさんねんれいじんこう》（稼《かせ》ぎ手・消費《しょうひ》の担《にな》い手）減少《げんしょう》→経済成長率《けいざいせいちょうりつ》低下《ていか》→国際競争力《こくさいきょうそうりょく》弱体化《じゃくたいか》→税収《ぜいしゅう》下降線《かこうせん》→年金《ねんきん》や医療費《いりょうひ》などの社会保障費《しゃかいほしょうひ》不足《ぶそく》

といった悪循環《あくじゅんかん》が起《お》きる危険性《きけんせい》がますます大《おお》きくなっています。

日本《にほん》の「少子高齢化《しょうしこうれいか》」が深刻《しんこく》なのは、「生産年齢人口《せいさんねんれいじんこう》」と呼《よ》ばれる、実際《じっさい》の生産活動《せいさんかつどう》の中核《ちゅうかく》となる人《ひと》びとが減《へ》り続《つづ》けているからです。「生産年齢人口《せいさんねんれいじんこう》」の範囲《はんい》は、15歳《さい》から64歳《さい》までの人《ひと》びとです。この「生産年齢人口《せいさんねんれいじんこう》」が日本《にほん》では、２０１５年《ねん》には７７２８万人余《まんにんあま》りでしたが、２０３０年《ねん》には６８７５万人余《まんにんあまり》になると予測《よそく》されていて、２０１５年《ねん》と比較《ひかく》すると８５２万人以上《まんにんいじょう》も減《へ》ってしまうことになります。たった15年間《ねんかん》でこれだけの働《はたら》き手《て》を失《うしな》うことになるのです。

そこで注目《ちゅうもく》されているのが、日本企業《にほんきぎょう》でのあなたのような外国人《がいこくじん》の採用《さいよう》です。厚生労働省《こうせいろうどうしょう》の『外国人雇用状況《がいこくじんこようじょうきょう》の届出状況《とどけでじょうきょう》について』によりますと、日本《にほん》で働《はたら》く外国《がいこく》人《じん》の数《かず》は年々増加傾向《ねんねんぞうかけいこう》にあり、厚生労働省《こうせいろうどうしょう》が公表《こうひょう》した２０１８年《ねん》10月末現在《がつまつげんざい》の外国人労働《がいこくじんろうどう》者数《しゃすう》は、１４６万人《まんにん》を超《こ》えて、前年《ぜんねん》より18万人以上《まんにんいじょう》も増加《ぞうか》しています。

この外国人労働者《がいこくじんろうどうしゃ》は、「身分《みぶん》に基《もと》づく在留資格《ざいりゅうしかく》」、「専門的《せんもんてき》・技術的分野《ぎじゅつてきぶんや》の在留資格《ざいりゅうしかく》」、「技能実習生《ぎのうじっしゅうせい》」、「特定技能《とくていぎのう》」といった在留資格《ざいりゅうしかく》を持《も》った人《ひと》たちです。そして皆《みな》さんもこれまではアルバイトをしていたと思《おも》いますが、それは「資格外活動《しかくがいかつどう》」としての外国人労働《がいこくじんろうどう》者《しゃ》です。この「資格外活動《しかくがいかつどう》」では、週《しゅう》28時間以上《じかんいじょう》働《はたら》いてはいけませんし、長期休暇中《ちょうききゅうかちゅう》は１日《にち》８時間以内《じかんいない》の労働時間制限《ろうどうじかんせいげん》があります。そのほかに「特定活動《とくていかつどう》」（通称《つうしょう》「特定活動《とくていかつどう》46」）が２０１９年《ねん》５月《がつ》に法改正《ほうかいせい》で新《あら》たに加《くわ》わりました。

この「特定活動《とくていかつどう》46」は、日本《にほん》の大学《だいがく》や大学院《だいがくいん》を卒業《そつぎょう》（修了《しゅうりょう》）した留学生《りゅうがくせい》が日本《にほん》で就職《しゅうしょく》する際《さい》には大変《たいへん》、有利《ゆうり》な在留資格《ざいりゅうしかく》となりますから、あとで詳《くわ》しく説明《せつめい》します。

文部科学省《もんぶかがくしょう》が２０１８年《ねん》６月《がつ》に公表《こうひょう》した外国人留学生《がいこくじんりゅうがくせい》の就職促進《しゅうしょくそくしん》について（外国人留学生《がいこくじんりゅうがくせい》の就職《しゅうしょく》に関《かん》する課題等《かだいなど》）」には興味深《きょうみぶか》い資料《しりょう》があります。それは外国人留学生《がいこくじんりゅうがくせい》や企業《きぎょう》からのさまざまな意見《いけん》を取《と》り上《あ》げているからです。たとえば、留学生《りゅうがくせい》からの声《こえ》としては、

①外国人留学生向《がいこくじんりゅうがくせいむ》けの求人《きゅうじん》が少《すく》ない。３８・５％
②日本《にほん》の就職活動《しゅうしょくかつどう》の仕組《しく》みが分《わ》からない。３３・８％
③日本語《にほんご》による適性試験《てきせいしけん》や能力試験《のうりょくしけん》が難《むずか》しい。３２・２％
④業界研究《ぎょうかいけんきゅう》や企業研究《きぎょうけんきゅう》の仕方《しかた》が分《わ》からない。２９・０％
⑤日本語《にほんご》での面接対応《めんせつたいおう》が難《むずか》しい。２５・５％

⑥企業《きぎょう》がどのような人材《じんざい》を求《もと》めているのか不明《ふめい》。２４・８％
⑦入社後《にゅうしゃご》の仕事内容《しごとないよう》が不明確《ふめいかく》　２２・７％
⑧日本語《にほんご》による書類《しょるい》の書《か》き方《かた》が分《わ》からない。１９・８％

といったものがありました。

一方《いっぽう》、企業《きぎょう》から見《み》て、外国人留学生《がいこくじんりゅうがくせい》が就職活動《しゅうしょくかつどう》で改善《かいぜん》してほしい点《てん》は、

①日本語能力《にほんごのうりょく》が不十分《ふじゅうぶん》。　３８・９％
②日本企業《にほんきぎょう》における働《はたら》き方《かた》の理解《りかい》が不十分《ふじゅうぶん》。３６・９％
③業界研究《ぎょうかいけんきゅう》・企業研究《きぎょうけんきゅう》が不十分《ふじゅうぶん》。１７・７％

といったものでした。

これらの留学生《りゅうがくせい》と企業《きぎょう》、双方《そうほう》の要望《ようぼう》から、留学生《りゅうがくせい》のあなたが日本《にほん》で就職《しゅうしょく》するためには、どうしなければならないのか、なんとなく見《み》えてくるのではないでしょうか。

しっかり自覚《じかく》しなければならないのは、アルバイトのような気楽《きらく》な気持《きも》ちでは正社員《せいしゃいん》と

して採用《さいよう》されないし、たとえ就職《しゅうしょく》できたとしても、長《なが》く勤《つと》めるのは難《むずか》しいということです。

でも、あなたは日本《にほん》で就職《しゅうしょく》しようとしているですから、あなたの就職《しゅうしょく》希望《きぼう》の理由《りゆう》があると思《おも》います。そこで、次《つぎ》のようなことを自分《じぶん》に問《と》いかけてみてください。

①なぜ日本《にほん》で働《はたら》きたいのか。
②ずっと日本《にほん》で働《はたら》く気持《きも》ちがあるのか。
③職種《しょくしゅ》の選択《せんたく》に迷《まよ》いはないか。年収《ねんしゅう》や企業名《きぎょうめい》だけで会社《かいしゃ》を選《えら》んでいないか。
④日本《にほん》で働《はたら》く経験《けいけん》が将来的《しょうらいてき》に意味《いみ》を持《も》っているのか。
⑤日本《にほん》の文化《ぶんか》や習慣《しゅうかん》に親近感《しんきんかん》を覚《おぼ》え、慣《な》れることはできるのか。
⑥日本語能力《にほんごのうりょく》をさらにアップさせる向上心《こうじょうしん》はあるのか。

これらの自分《じぶん》への問《と》いかけにきちんと答《こた》えることのできるあなたなら、日本《にほん》の企業《きぎょう》はあなたを喜《よろこ》んで採用《さいよう》するはずです。

2　あなたは専門型人材《せんもんがたじんざい》の一人《ひとり》

２０２０年《ねん》１月《がつ》に帝国《ていこく》データバンクが公表《こうひょう》した「人手不足《ひとでぶそく》に対《たい》する企業《きぎょう》の動向調査《どうこうちょうさ》」によりますと、２０１９年《ねん》の人手不足倒産《ひとでぶそくとうさん》は前年比《ぜんねんひ》２０・９％増《ぞう》で、４年連続《ねんれんぞく》で過去最高《かこさいこう》を更新《こうしん》しました。このように人手不足《ひとでぶそく》が企業経営《きぎょうけいえい》に大《おお》きく影響《えいきょう》していることがわかります。

日本《にほん》の企業《きぎょう》は「専門型《せんもんがた》の人材《じんざい》」ではなく、一般《いっぱん》の働《はたら》き手《て》でさえ企業《きぎょう》の半数以上《はんすういじょう》で「不足《ふそく》」しています。ですから給料《きゅうりょう》を高《たか》く支払《しはら》っても人手不足《ひとでぶそく》を解消《かいしょう》したいと考《かんが》えている企業《きぎょう》が半数以上《はんすういじょう》になっています。

ましてや「専門型《せんもんがた》の人材《じんざい》」は、さらに少《すく》ないはずです。では「専門型《せんもんがた》の人材《じんざい》」とは、どのような人《ひと》たちなのでしょうか。

企業《きぎょう》はあなたが大学《だいがく》で学《まな》んだ学部《がくぶ》が文系《ぶんけい》か、理系《りけい》かをまず見《み》るでしょう。次《つぎ》には、どのような部門《ぶもん》であなたに働《はたら》いてもらおうかと考《かんが》えるはずです。たとえば、同《おな》じ「営業《えいぎょう》」という職種《しょくしゅ》でも、海外《かいがい》でのビジネス展開《てんかい》を進《すす》めるためにあなたの語学力《ごがくりょく》を求《もと》めているのであれば、それが「専門型人材《せんもんがたじんざい》」としてあなたが雇用《こよう》される理由《りゆう》になるでしょう。でもマーケティング部門《ぶもん》でしたら、経済《けいざい》や商学的《しょうがくてき》な知識《ちしき》を持《も》っていることが「専門型人材《せんもんがたじんざい》」になりますから、語学力《ごがくりょく》はあまり求《もと》められないかもしれません。またある製品《せいひん》の開発《かいはつ》・設計部門《せっけいぶもん》での人材《じんざい》が求《もと》められているのであれば、まったく異《こと》なる視点《してん》であなたを「専門型人材《せんもんがたじんざい》」と見《み》るはずです。

ですから、ただあなたが外国人《がいこくじん》だからというだけでは、それが「売《う》り」になるとは限《かぎ》りません。そのため自分《じぶん》がどの職種《しょくしゅ》に興味《きょうみ》を持《も》っているのか、また自分《じぶん》に合《あ》いそうな職種《しょくしゅ》は何《なに》か、さらに企業《きぎょう》は自分《じぶん》に何《なに》を求《もと》めているのか、といった事前《じぜん》の調査《ちょうさ》も必要《ひつよう》でしょう。

優秀《ゆうしゅう》な外国人《がいこくじん》の採用《さいよう》と活用《かつよう》は、日本《にほん》の経済成長《けいざいせいちょう》を維持《いじ》、発展《はってん》させていく鍵《かぎ》になっているとも言《い》えます。そして日本《にほん》の産業界《さんぎょうかい》で専門型人材《せんもんがたじんざい》が極端《きょくたん》に不足《ふそく》している業界《ぎょうかい》がいくつもあります。

その一《ひと》つが航空業界《こうくうぎょうかい》です。

訪日外国人観光客《ほうにちがいこくじんかんこうきゃく》が大《おお》きく増加《ぞうか》したため、飛行機《ひこうき》の利用《りよう》など航空需要《こうくうじゅよう》が拡大《かくだい》して、空港《くうこう》でのさまざまな職種《しょくしゅ》で人手不足《ひとでぶそく》が深刻化《しんこくか》しています。旅行客《りょこうきゃく》の案内《あんない》、航空機《こうくうき》の誘導《ゆうどう》や手荷《てに》物《もつ》積み下《お》ろし業務《ぎょうむ》、機内食製造《きないしょくせいぞう》、清掃《せいそう》、飲食店《いんしょくてん》、免税店《めんぜいてん》などあらゆる職種《しょくしゅ》で起《お》きています。パイロットやキャビンアテンダント（ＣＡ）だけが不足《ふそく》しているわけではないのです。

ＩＴ業界《ぎょうかい》も深刻《しんこく》です。

平成《へいせい》28年《ねん》6月《がつ》の経済産業省《けいざいさんぎょうしょう》が発表《はっぴょう》した「ＩＴ人材《じんざい》の最新動向《さいしんどうこう》と将来推計《しょうらいすいけい》に関《かん》する調《ちょう》査結果《さけっか》」によりますと、２０２０年には約《やく》37万人前後《まんにんぜんご》、２０３０年《ねん》には約《やく》79万人前後《まんにんぜんご》の「ＩＴ人材《じんざい》」不足《ふそく》が起《お》きると予測《よそく》されています。なかでもビッグデータ、人工知能《じんこうちのう》（ＡＩ）、ＩＯＴ、ロボット技術《ぎじゅつ》などが深刻《しんこく》だとされています。今後《こんご》ＩＯＴやＡＩ技術《ぎじゅつ》の市場拡大《しじょうかくだい》が予測《よそく》されていますが、ここでもＩＴ人材《じんざい》の高齢化問題《こうれいかもんだい》が影《かげ》を投《な》げかけています。

介護業界《かいごぎょうかい》はさらに人手不足《ひとでぶそく》です。

政府《せいふ》は国外《こくがい》からの労働者受《ろうどうしゃう》け入《い》れのために、介護《かいご》を「特定技能《とくていぎのう》1号《ごう》」に指定《してい》しました。

そして介護《かいご》と外食産業《がいしょくさんぎょう》の「特定技能評価試験《とくていぎのうひょうかしけん》」が２０１９年《ねん》４月《がつ》から始《はじ》められました。ちなみにその他《た》の職種《しょくしゅ》については時期《じき》を遅《おく》らせて順次《じゅんじ》、実施《じっし》されてきていて、それだけ介《かい》護関係《ごかんけい》の労働力《ろうどうりょく》が不足《ふそく》している証明《しょうめい》でもあるでしょう。５年間《ねんかん》で６万人《まんにん》の国外《こくがい》からの外国人労働者《がいこくじんろうどうしゃ》を受《う》け入《い》れることになっていますが、それでも焼《や》け石《いし》に水《みず》の観《かん》があるのは、日本《にほん》が超高齢化社会《ちょうこうれいかしゃかい》になって、さらにそれが進《すす》んでしまっているからです。介護《かいご》サービスの需要《じゅよう》はますます高《たか》まるばかりです。深刻《しんこく》な人材不足《じんざいぶそく》が生《しょう》じていることは誰《だれ》もが認《みと》めざるを得《え》ない状況《じょうきょう》です。

観光業界《かんこうぎょうかい》も圧倒的《あっとうてき》な人材不足《じんざいぶそく》です。

観光業界《かんこうぎょうかい》は日本《にほん》の「少子高齢化《しょうしこうれいか》」による人手不足《ひとでぶそく》ではありません。政府《せいふ》が日本《にほん》を観光《かんこう》立国《りっこく》と位置《いち》づけて、観光業《かんこうぎょう》に力《ちから》を入れてきた結果《けっか》です。２０１０年《ねん》に８６０万人程度《まんにんていど》だった観光客数《かんこうきゃくすう》は２０１８年《ねん》には３１１９万人《まんにん》と急激《きゅうげき》に増《ふ》えてきています。そのため政府《せいふ》は東京《とうきょう》オリンピック・パラリンピック開催《かいさい》を念頭《ねんとう》に置《お》いて、訪日観光客《ほうにちかんこうきゃく》を２０２０年《ねん》に４０００万人《まんにん》、２０３０年《ねん》に６０００万人《まんにん》とする目標《もくひょう》を掲《かか》げています。今《いま》や観光業《かんこうぎょう》は国際《こくさい》収支《しゅうし》では電気機器《でんききき》、自動車《じどうしゃ》、化学製品《かがくせいひん》に次《つ》いで4番目《ばんめ》に拡大《かくだい》していて、観光業《かんこうぎょう》にかかわる人材《じんざい》が現時点《げんじてん》でも圧倒的《あっとうてき》に不足《ふそく》しています。

日本《にほん》の人手不足状況《ひとでぶそくじょうきょう》は、日本《にほん》で働《はたら》きたいと思《おも》っている留学生《りゅうがくせい》のあなたには大《おお》きなチャンスだと言《い》えます。あなたは日本人《にほんじん》にはない外国人《がいこくじん》としての日本《にほん》での生活経験《せいかつけいけん》があります。また母国語《ぼこくご》はもちろんですが、一定《いってい》レベルの日本語能力《にほんごのうりょく》があり、さらにもう一《ひと》つの外国語《がいこくご》にも精通《せいつう》しているかもしれません。日本《にほん》で学《まな》んだ専門的知識《せんもんてきちしき》もあるのですから、あなたの能力《のうりょく》を発揮《はっき》できる可能性《かのうせい》は大《おお》いにあると言《い》えます。

3　日本語能力試験《にほんごのうりょくしけん》N1合格《ごうかく》を目《め》ざしましょう

企業《きぎょう》の人《ひと》に「日本《にほん》で就職《しゅうしょく》を希望《きぼう》している留学生《りゅうがくせい》がいます」と伝《つた》えますと、必《かなら》ず「日本語《にほんご》はどのくらいできますか?」と聞《き》かれます。「日常会話《にちじょうかいわ》は問題《もんだい》ありませんよ」と返事《へんじ》をしますと、「日本語《にほんご》の読《よ》み、書《か》きはどの程度《ていど》ですか?」と聞《き》かれます。

このように日本《にほん》で就職《しゅうしょく》するためには一定《いってい》の日本語《にほんご》のレベルが求《もと》められます。しかも外国《がいこく》人留学生《じんりゅうがくせい》に求《もと》める日本語能力《にほんごのうりょく》は、会話《かいわ》だけでなく、読《よ》み、書《か》きも問題《もんだい》なくできるレベルを求《もと》めている企業《きぎょう》が80%を超《こ》えています。そのうち20%以上《いじょう》の企業《きぎょう》は、母国語《ぼこくご》レベルと同《おな》じ程度《ていど》の高《たか》さを求《もと》めています。そのため最低《さいてい》でも日本語能力試験《にほんごのうりょくしけん》で「Ｎ２」に合格《ごうかく》していなければならないでしょう。

これに関連《かんれん》して、２０１９年《ねん》5月《がつ》に出入国管理法《しゅつにゅうこくかんりほう》が改正《かいせい》されて、在留資格《ざいりゅうしかく》「特定活動《とくていかつどう》」が新《あら》たに加《くわ》えられました。これは外国人留学生《がいこくじんりゅうがくせい》の就職先《しゅうしょくさき》を拡大《かくだい》するための制度《せいど》ですから、皆《みな》さんは是非《ぜひ》、知《し》っておいてください。

これまで日本《にほん》の大学《だいがく》や大学院《だいがくいん》を出《で》て日本《にほん》で就職《しゅうしょく》する場合《ばあい》、「技術《ぎじゅつ》・人文知識《じんぶんちしき》・国際業務《こくさいぎょうむ》」という枠《わく》で在留資格《ざいりゅうしかく》を取《と》るケースがほとんどでした。でも大学《だいがく》や大学院《だいがくいん》で学《まな》んだ学部《がくぶ》や学科《がっか》の授業内容《じゅぎょうないよう》（専攻《せんこう》）と、就職《しゅうしょく》する予定《よてい》の業務内容《ぎょうむないよう》が合致《がっち》していないと、出入国在留管理庁《しゅつにゅうこくざいりゅうかんりちょう》は留学《りゅうがく》ビザから就労《しゅうろう》ビザへの変更《へんこう》を認《みと》めません。そのため一般的《いっぱんてき》なサービス業《ぎょう》や製造業《せいぞうぎょう》などの仕事《しごと》をすることはできません。つまり「技術《ぎじゅつ》・人文知識《じんぶんちしき》・国際業務《こくさいぎょうむ》」にあてはまらないと見《み》なされると、ビザの変更《へんこう》が認《みと》められず、帰国《きこく》しなければなりませんでした。

今回《こんかい》の新制度《しんせいど》では、今《いま》まで就職《しゅうしょく》できなかった業種《ぎょうしゅ》、たとえば、製造業等《せいぞうぎょうなど》の現場《げんば》、飲食店《いんしょくてん》、スーパーマーケット、コンビニエンスストアなどのサービス業《ぎょう》の現場《げんば》などに就職《しゅうしょく》することができるようになりました。ただし、現場《げんば》の仕事《しごと》だけをするのは認《みと》められず、外国人観光客《がいこくじんかんこうきゃく》の通訳《つうやく》や日本語能力《にほんごのうりょく》が低《ひく》い外国人就業者《がいこくじんしゅうぎょうしゃ》への指示《しじ》など、語学能力《ごがくのうりょく》を活《い》かした業務《ぎょうむ》を兼務《けんむ》する必要《ひつよう》があります。

この制度《せいど》を受《う》けられる条件《じょうけん》は、以下《いか》のようなものです。

- フルタイムで働《はたら》くことが必要《ひつよう》です。正社員《せいしゃいん》か契約社員《けいやくしゃいん》であることが必要《ひつよう》です。たとえ常勤《じょうきん》でも派遣社員《はけんしゃいん》ではいけません。
- 日本《にほん》の大学《だいがく》を卒業《そつぎょう》・大学院《だいがくいん》を修了《しゅうりょう》していなければいけません。中退《ちゅうたい》や海外《かいがい》の大学《だいがく》・大《だい》学院《がくいん》の卒業《そつぎょう》（修了《しゅうりょう》）では認《みと》められません。また短期大学《たんきだいがく》や専門学校《せんもんがっこう》の卒業《そつぎょう》でも認《みと》められません。

・日本語能力試験《にほんごのうりょくしけん》N1、またはBJTテスト480点以上《てんいじょう》に合格《ごうかく》していることが必要《ひつよう》です。

・日本人《にほんじん》と同等《どうとう》か、それ以上《いじょう》の基本給《きほんきゅう》で雇用《こよう》され、昇給額《しょうきゅうがく》についても同《おな》じレベルでなければいけません。

・日本語《にほんご》を用《もち》いたコミュニケーションを必要《ひつよう》とする業務《ぎょうむ》であることが必要《ひつよう》です。

・大学《だいがく》の学部学科《がくぶがっか》、大学院《だいがくいん》で修得《しゅうとく》した広《ひろ》い知識《ちしき》や能力《のうりょく》などが活用《かつよう》できる仕事《しごと》であることが必要《ひつよう》です。

この「特定活動《とくていかつどう》」の適用《てきよう》を受《う》けるには、かなり高《たか》いハードルを越《こ》えなければいけませんが、せっかく日本《にほん》の大学《だいがく》や大学院《だいがくいん》を卒業《そつぎょう》（修了《しゅうりょう》）するのですから、ぜひとも受験《じゅけん》に挑戦《ちょうせん》し、一度《いちど》や二度《にど》の不合格《ふごうかく》などであきらめずに合格《ごうかく》を手《て》にしてください。

めざせ
N1？
N検

第《だい》2章《しょう》　政策《せいさく》も法律《ほうりつ》も就職《しゅうしょく》を後押《あとお》しする

1　留学生《りゅうがくせい》30万人計画《まんにんけいかく》

２００８年《ねん》７月《がつ》29日《にち》に文部科学省《もんぶかがくしょう》は、２０２０年《ねん》を目標《もくひょう》に30万人《まんにん》の留学生《りゅうがくせい》受入《うけい》れを目指《めざ》す「留学生《りゅうがくせい》30万人計画《まんにんけいかく》」の骨子《こっし》を策定《さくてい》しました。「留学生《りゅうがくせい》30万人計画《まんにんけいかく》」は、日本《にほん》を世界《せかい》にもっと開《ひら》かれた国《くに》とし、アジア、世界《せかい》の間《あいだ》のヒト・モノ・カネ、情報《じょうほう》の流《なが》れを拡大《かくだい》する「グローバル戦略《せんりゃく》」です。

留学生《りゅうがくせい》30万人《まんにん》の受入《うけい》れを達成《たっせい》するために、日本政府《にほんせいふ》は文部科学省《もんぶかがくしょう》ほか関係省庁《かんけいしょうちょう》（外務省《がいむしょう》、法務省《ほうむしょう》、厚生労働省《こうせいろうどうしょう》、経済産業省《けいざいさんぎょうしょう》、国土交通省《こくどこうつうしょう》）および機関《きかん》などと連携《れんけい》を図《はか》りながら、以下《いか》の５つの方策《ほうさく》を推進《すいしん》しました。

①日本留学《にほんりゅうがく》への誘《さそ》い　～日本留学《にほんりゅうがく》の動機《どうき》づけとワンストップサービスの展開《てんかい》～
②入試《にゅうし》・入学《にゅうがく》・入国《にゅうこく》の入口《いりぐち》の改善《かいぜん》　～日本留学《にほんりゅうがく》の円滑化《えんかつか》～
③大学《だいがく》などのグローバル化《か》の推進《すいしん》　～魅力《みりょく》ある大学《だいがく》づくり～

④受入《うけい》れ環境《かんきょう》づくり　〜安心《あんしん》して勉学《べんがく》に専念《せんねん》できる環境《かんきょう》への取《と》り組《く》み〜
⑤卒業《そつぎょう》・修了後《しゅうりょうご》の社会《しゃかい》の受入《うけい》れの推進《すいしん》　〜社会《しゃかい》のグローバル化《か》〜

この5つの方策《ほうさく》が実行《じっこう》されて、日本《にほん》では、留学生《りゅうがくせい》の受入《うけい》れが拡大《かくだい》しました。

その結果《けっか》、近年《きんねん》では、中国《ちゅうごく》や韓国《かんこく》などの東《ひがし》アジア出身《しゅっしん》の留学生《りゅうがくせい》だけではなく、ベトナムやミャンマー、ネパール、スリランカなどの東南《とうなん》アジア出身《しゅっしん》の留学生《りゅうがくせい》やウズベキスタンなどの中央《ちゅうおう》アジア出身《しゅっしん》の留学生《りゅうがくせい》が日本語学校《にほんごがっこう》や専門学校《せんもんがっこう》、大学《だいがく》などで勉学《べんがく》に励《はげ》む姿《すがた》が見《み》られます。

それでは果《は》たして、留学生《りゅうがくせい》30万人計画《まんにんけいかく》は予定通《よていどお》り進《すす》んでいるのでしょうか。**図表《ずひょう》2―1**に示《しめ》されるように、2017年《ねん》の留学生数《りゅうがくせいすう》は311，505人《にん》でした。このことから、留学生《りゅうがくせい》30万人計画《まんにんけいかく》は、数字《すうじ》の上《うえ》では達成《たっせい》されました。

図表2-1　留学生数の推移

（各年末現在）

	2016年	2017年	2018年
留学生数	277,331	311,505	337,000

（出所）法務省入国管理局「報道発表資料 各年末現在における在留外国人数について（確定値）」

2　在留《ざいりゅう》資格《しかく》の緩和《かんわ》

日本語学校《にほんごがっこう》を卒業《そつぎょう》する大半《たいはん》の留学生《りゅうがくせい》は、専門学校《せんもんがっこう》や大学《だいがく》などに進学《しんがく》します。専門学校《せんもんがっこう》や大学《だいがく》に進学《しんがく》した留学生《りゅうがくせい》は、週《しゅう》に数回《すうかい》の日本語学習《にほんごがくしゅう》に加《くわ》えて、理科系《りかけい》の留学生《りゅうがくせい》であれば理学《りがく》、工学《こうがく》、その他《た》の自然科学《しぜんかがく》などの専門分野《せんもんぶんや》、文科系《ぶんかけい》の留学生《りゅうがくせい》であれば法律学《ほうりつがく》、経済学《けいざいがく》、社会学《がく》、その他《た》の人文科学《じんぶんかがく》などの専門分野《せんもんぶんや》を学習《がくしゅう》します。

そして、留学生《りゅうがくせい》が専門学校《せんもんがっこう》や大学《だいがく》を卒業《そつぎょう》する頃《ころ》には、日本《にほん》で企業《きぎょう》に就職《しゅうしょく》するか、日本《にほん》で起業《きぎょう》をするか、母国《ぼこく》に帰国《きこく》して将来《しょうらい》を考《かんが》えるかなどの進路選択《しんろせんたく》をする必要《ひつよう》があります。そのような進路選択《しんろせんたく》のなかで、大半《たいはん》の留学生《りゅうがくせい》は、日本《にほん》に留《とど》まって企業《きぎょう》に就職《しゅうしょく》することを希望《きぼう》しています。

図表《ずひょう》2―2の通《とお》り、2018年《ねん》に日本《にほん》の企業《きぎょう》などへの就職《しゅうしょく》を目的《もくてき》として在留《ざいりゅう》資格変更《しかくへんこう》許可申請《きょかしんせい》を行《い》った留学生《りゅうがくせい》は、30,924人《にん》（前年比《ぜんねんひ》2,998人増《にんぞう》）でした。

図表2-2　留学生からの就職目的の処分数等の推移

（単位：人）

	2015年	2016年	2017年	2018年
処分数	17,088	21,898	27,926	30,924
許可数	15,657	19,435	22,419	25,942
不許可数	1,431	2,463	5,507	4,982
許可率	91.6%	88.8%	80.3%	83.9%

（出所）法務省出入国在留管理庁「広報資料 2018年における留学生の日本企業等への就職状況について」

そのうち、許可数《きょかすう》は、２５，９４２人《にん》（前年比《ぜんねんひ》３，５２３人《にん》増《ぞう》）でした。在留《ざいりゅう》資格変更許可申請《しかくへんこうきょかしんせい》を行《おこな》った留学生《りゅうがくせい》及《およ》び許可数《きょかすう》のいずれも、前年《ぜんねん》と比《くら》べて増加《ぞうか》し、過去最高《かこさいこう》を記録《きろく》しました。

しかし、在留《ざいりゅう》資格変更許可申請《しかくへんこうきょかしんせい》の許可率《きょかりつ》は、２０１５年《ねん》は90％を超《こ》えているものの、２０１６年以降《ねんいこう》は90％を下回《したまわ》っています。この許可率《きょかりつ》の低下《ていか》については、専修学校《せんしゅうがっこう》の留学《りゅうがく》生数《せいすう》の増加《ぞうか》が要因《よういん》ではないかと考《かんが》えられます。

専修学校《せんしゅうがっこう》を卒業《そつぎょう》した留学生《りゅうがくせい》については、専門課程《せんもんかてい》を修了《しゅうりょう》し「専門士《せんもんし》」の称号《しょうごう》を取得《しゅとく》している者《もの》に限《かぎ》って、「技術《ぎじゅつ》・人《じん》文知識《ぶんちしき》・国際業務《こくさいぎょうむ》」の就労可能《しゅうろうかのう》な在留資格《ざいりゅうしかく》への変更《へんこう》が認《みと》められる取扱《とりあつか》いになっています。

ただし、専修学校専門課程《せんしゅうがっこうせんもんかてい》における修得内容《しゅうとくないよう》と就職先《しゅうしょくさき》の業務内容《ぎょうむないよう》との関連性《かんれんせい》が必要《ひつよう》とされています[1]。

図表2-3　最終学歴別の許可人数の推移

（単位：人）

最終学歴	2016年		2017年		2018年	
	許可人数	構成比	許可人数	構成比	許可人数	構成比
大学院	5,292	27.2%	5,477	24.4%	5,931	22.9%
大学	8,944	46.0%	10,196	45.5%	11,285	43.5%
短期大学	666	3.4%	1,113	5.0%	1,156	4.5%
専修学校	3,617	18.6%	4,869	21.7%	7,190	27.7%
その他	916	4.7%	764	3.4%	380	1.5%
合計	19,435	100.0%	22,419	100.0%	25,942	100.0%

（出所）法務省出入国在留管理庁「広報資料 各年における留学生の日本企業等への就職状況について」

実際《じっさい》に**図表《ずひょう》2―3**に示《しめ》されるように、2016年《ねん》から2018年《ねん》までの在留《ざいりゅう》資格《しかく》変更《へんこう》許可《きょか》申請《しんせい》の最終《さいしゅう》学歴《がくれき》の構成比《こうせいひ》を見《み》てみると、専修《せんしゅう》学校《がっこう》の比率《ひりつ》が高《たか》くなってきていることがわかります。

ところで、留学生《りゅうがくせい》が日本《にほん》企業《きぎょう》への就職《しゅうしょく》を目的《もくてき》としておこなった在留《ざいりゅう》資格《しかく》変更《へんこう》許可《きょか》申請《しんせい》後《ご》の在留《ざいりゅう》資格別《しかくべつ》の許可《きょか》人数《にんずう》はどのようになっているのでしょうか。**図表《ずひょう》2―4**は、留学生《りゅうがくせい》が日本《にほん》企業《きぎょう》への就職《しゅうしょく》を目的《もくてき》としておこなった在留《ざいりゅう》資格別《しかくべつ》の許可《きょか》人数《にんずう》の推移《すいい》です。

在留《ざいりゅう》資格《しかく》のなかでも、在留《ざいりゅう》資格《しかく》「技術《ぎじゅつ》・人文《じんぶん》知識《ちしき》・国際《こくさい》業務《ぎょうむ》」が全体《ぜんたい》の約《やく》90%の構成比《こうせいひ》で毎《まい》

図表2-4　変更許可後の在留資格別の許可人数の推移

（単位：人）

在留資格	2016年		2017年		2018年	
	許可人数	構成比	許可人数	構成比	許可人数	構成比
技術・人文知識・国際業務	17,353	89.3%	20,486	91.4%	24,188	93.2%
経営・管理	916	4.7%	712	3.2%	560	2.2%
教授	598	3.1%	626	2.8%	538	2.1%
医療	257	1.3%	254	1.1%	246	0.9%
その他	311	1.6%	341	1.5%	410	1.6%
合計	19,435	100.0%	22,419	100.0%	25,942	100.0%

（出所）法務省出入国在留管理庁「広報資料 2018年における留学生の日本企業等への就職状況について」

年《とし》推移《すいい》しています。そして、残《のこ》りの10%を構成《こうせい》するのが「経営《けいえい》・管理《かんり》」、「教授《きょうじゅ》」、「医療《いりょう》」、「その他《た》」といった在留資格《ざいりゅうしかく》です。

ところで、留学生《りゅうがくせい》が就労《しゅうろう》する際《さい》の在留資格《ざいりゅうしかく》「技術《ぎじゅつ》・人文知識《じんぶんちしき》・国際業務《こくさいぎょうむ》」と日本《にほん》で起業《きぎょう》するための在留資格《ざいりゅうしかく》「経営《けいえい》・管理《かんり》」は、近年緩和《きんねんかんわ》される傾向《けいこう》があります。

在留資格《ざいりゅうしかく》「技術《ぎじゅつ》・人文知識《じんぶんちしき》・国際業務《こくさいぎょうむ》」に関《かん》しては、大学《だいがく》における専攻科目《せんこうかもく》と業務内容《ぎょうむないよう》との関連性《かんれんせい》について柔軟《じゅうなん》に取《と》り扱《あつか》う運用《うんよう》とされ、関連性《かんれんせい》が弱《よわ》くても許可《きょか》される可能性《かのうせい》が大《おお》きくなっています。

日本《にほん》で創業《そうぎょう》を志《こころざ》す外国人《がいこくじん》が在留資格《ざいりゅうしかく》「経営《けいえい》・管理《かんり》」の認定《にんてい》を受《う》けるためには、出入国《しゅつにゅうこく》在留管理庁《ざいりゅうかんりちょう》への申請時《しんせいじ》に、事務所《じむしょ》の開設《かいせつ》に加《くわ》え、常勤職員《じょうきんしょくいん》を2人以上《にんいじょう》雇用《こよう》するか、資《し》本金《ほんきん》の額《がく》または出資《しゅっし》の総額《そうがく》が５００万円以上《まんえんいじょう》となっているなどの要件《ようけん》を整《ととの》えておく必要《ひつよう》があります。

それに対《たい》し、国家戦略特区《こっかせんりゃくとっく》に指定《してい》されている区域《くいき》では、大胆《だいたん》な緩和《かんわ》がなされています。たとえば、福岡市《ふくおかし》の「スタートアップビザ」の制度《せいど》では、その要件《ようけん》が整《ととの》っていなくても、起業準備活動計画書《きぎょうじゅんびかつどうけいかくしょ》などを福岡市《ふくおかし》に提出《ていしゅつ》し、要件《ようけん》を満《み》たす見込《みこ》みがあるなど、福岡市《ふくおかし》から確認《かくにん》を受《う》け、その確認《かくにん》をもとに出入国在留管理庁《しゅつにゅうこくざいりゅうかんりちょう》が審査《しんさ》をすることで、最長《さいちょう》1年間《ねんかん》（6カ月後《かげつご》に要更新《ようこうしん》）の在留資格《ざいりゅうしかく》「特定活動《とくていかつどう》」が認《みと》められます。この在留期間《ざいりゅうきかん》に、要件《ようけん》を満《み》たすことによって、在留資格《ざいりゅうしかく》「経営《けいえい》・管理《かんり》」に変更《へんこう》し事業《じぎょう》を市内《しない》で進《すす》めることもできます。

3　出入国管理《しゅつにゅうこくかんり》及《およ》び難民認定法《なんみんにんていほう》の改正《かいせい》

株式会社帝国《かぶしきがいしゃていこく》データバンクの「人手不足《ひとでぶそく》に対《たい》する企業《きぎょう》の動向調査《どうこうちょうさ》（２０２０年《ねん》1月《がつ》）」によれば、企業《きぎょう》の４９・５％が正社員《せいしゃいん》の不足《ふそく》を感《かん》じていることが明《あき》らかになりました。また、企業《きぎょう》の29・2%が非正社員《ひせいしゃいん》の不足《ふそく》を感《かん》じています。

慢性的《まんせいてき》な人手《ひとで》不足《ぶそく》は、日本《にほん》の経済《けいざい》発展《はってん》を阻害《そがい》する可能性《かのうせい》があります。特《とく》に、中小《ちゅうしょう》・小規《しょうき》模《ぼ》事業者《じぎょうしゃ》では、人手《ひとで》不足《ぶそく》が深刻《しんこく》で倒産《とうさん》するようなケースも珍《めずら》しくありません。このような課題《かだい》を解決《かいけつ》するために、日本政府《にほんせいふ》は、2019年《ねん》4月《がつ》1日《にち》に出入国管理《しゅつにゅうこくかんり》及《およ》び難民認定《なんみんにんてい》法《ほう》の改正《かいせい》が施行《しこう》され、特《とく》に人手《ひとで》不足《ぶそく》が深刻《しんこく》な特定産業《とくていさんぎょう》分野《ぶんや》(14分野《ぶんや》)を対象《たいしょう》として、就労《しゅうろう》を目的《もくてき》とした新《あら》たな在留《ざいりゅう》資格《しかく》「特定技能《とくていぎのう》1号《ごう》」「特定技能《とくていぎのう》2号《ごう》」を創設《そうせつ》しました。

特定産業《とくていさんぎょう》分野《ぶんや》(14分野《ぶんや》)の対象《たいしょう》は、人手《ひとで》不足《ぶそく》が深刻《しんこく》で外国人材《がいこくじんざい》の受入《うけい》れが必要《ひつよう》な①介《かい》護《ご》②ビルクリーニング③素形材産業《そけいざいさんぎょう》④産業《さんぎょう》機械製造業《きかいせいぞうぎょう》⑤電気《でんき》・電子《でんし》情報関連産《じょうほうかんれんさん》業《ぎょう》⑥建設《けんせつ》⑦造船《ぞうせん》・舶用工業《せんようこうぎょう》⑧自動車整備《じどうしゃせいび》⑨航空《こうくう》⑩宿泊《しゅくはく》⑪農業《のうぎょう》⑫漁業《ぎょぎょう》⑬飲食料品製造業《いんしょくりょうひんせいぞうぎょう》⑭外食業《がいしょくぎょう》の14分野《ぶんや》です。

ところで、在留《ざいりゅう》資格《しかく》「特定技能《とくていぎのう》1号《ごう》」「特定技能《とくていぎのう》2号《ごう》」は、どのような在留《ざいりゅう》資格《しかく》なのでしょうか。**図表《ずひょう》2—5**は、在留《ざいりゅう》資格《しかく》「特定技能《とくていぎのう》1号《ごう》」「特定技能《とくていぎのう》2号《ごう》」がどのようなものなのかポイントをまとめたものです。

在留《ざいりゅう》資格《しかく》「特定技能《とくていぎのう》1号《ごう》」「特定技能《とくていぎのう》2号《ごう》」では、技術《ぎじゅつ》水準《すいじゅん》及《およ》び日本語《にほんご》能力《のうりょく》水準《すいじゅん》

図表2-5　在留資格「特定技能1号」「特定技能2号」の概要

○ **特定技能1号**

特定産業分野に属する相当程度の知識又は経験を必要とする技能を要する業務に従事する外国人向けの在留資格

▼特定技能1号のポイント

○ **在留期間**

1年、6か月又は4か月ごとの更新、通算で上限5年まで

○ **技能水準**

試験等で確認（技能実習2号を修了した外国人は試験等免除）

○ **日本語能力水準**

生活や業務に必要な日本語能力を試験等で確認（技能実習2号を修了した外国人は試験等免除）

○ **家族の帯同**

基本的に認めない

○ **受入れ機関又は登録支援機関による支援の対象**

○ **特定技能2号**

特定産業分野に属する熟練した技能を要する業務に従事する外国人向けの在留資格

▼特定技能2号のポイント

○ **在留期間**

3年、1年又は6か月ごとの更新

○ **技能水準**

試験等で確認

○ **日本語能力水準**

試験等での確認は不要

○ **家族の帯同**

要件を満たせば可能（配偶者、子）

○ **受入れ機関又は登録支援機関による支援の対象外**

（出所）法務省出入国在留管理庁「制度説明資料 新たな外国人材の受入れ及び共生社会実現に向けた取組」

を確認《かくにん》するため、特定産業分野《とくていさんぎょうぶんや》（14分野《ぶんや》）ごとに国内外《こくないがい》において試験《しけん》が実施《じっし》されています。在留資格《ざいりゅうしかく》「特定技能《とくていぎのう》1号《ごう》」「特定技能《とくていぎのう》2号《ごう》」の認定《にんてい》を受《う》けるためには、国内《こくない》の在留外国《ざいりゅうがいこく》人《じん》であれば在留資格変更許可申請《ざいりゅうしかくへんこうきょかしんせい》を行《おこな》い、国外《こくがい》の日本《にほん》への入国《にゅうこく》・在留《ざいりゅう》を希望《きぼう》している外《がい》国人《こくじん》であれば在留資格認定証明書交付申請《ざいりゅうしかくにんていしょうめいしょこうふしんせい》を行《おこな》う必要《ひつよう》があります。

日本政府《にほんせいふ》は、特定産業分野《とくていさんぎょうぶんや》（14分野《ぶんや》）の特定技能外国人《とくていぎのうがいこくじん》を5年間《ねんかん》の最大値《さいだいち》として345，150人《にん》の受入《うけい》れを見込《みこ》んでいます。初年度《しょねんど》の2019年《ねん》では、特定技能外国人《とくていぎのうがいこくじん》を最大値《さいだいち》として47，550人《にん》の受入《うけい》れを見込《みこ》んでいました。

しかし、法務省出入国在留管理庁《ほうむしょうしゅつにゅうこくざいりゅうかんりちょう》が公表《こうひょう》した「特定技能外国人《とくていぎのうがいこくじん》の許可状況等《きょかじょうきょうなど》について（2020年1月末現在《がつまつげんざい》：速報値《そくほうち》）」によれば、在留資格認定証明書交付《ざいりゅうしかくにんていしょうめいしょこうふ》は1，751件《けん》、在留資格変更許可《ざいりゅうしかくへんこうきょか》が1，357件《けん》となっています。つまり、日本政府《にほんせいふ》が初年度《しょねんど》2019年《ねん》に見込《みこ》んだ最大《さいだい》47，550人《にん》の受入《うけい》れ数《すう》には、到底及《とうていおよ》ばないことが分《わ》かります。

今後《こんご》、このような出入国管理及《しゅつにゅうこくかんりおよ》び難民認定法《なんみんにんていほう》の改正《かいせい》には、さまざまな課題《かだい》が残《のこ》されていますが、中小《ちゅうしょう》・小規模事業者《しょうきぼじぎょうしゃ》の慢性的《まんせいてき》な人手不足《ひとでぶそく》の問題《もんだい》を解決《かいけつ》することが期待《きたい》されています。

４　変《か》わる日本人《にほんじん》の意識《いしき》

日本政府《にほんせいふ》は中小《ちゅうしょう》・小規模事業者《しょうきぼじぎょうしゃ》の深刻《しんこく》な人手不足《ひとでぶそく》に対応《たいおう》するために、特定産業分野《とくていさんぎょうぶんや》（14分野《ぶんや》）を対象《たいしょう》として新《あら》たな在留資格《ざいりゅうしかく》「特定技能《とくていぎのう》１号《ごう》」「特定技能《とくていぎのう》２号《ごう》」を創設《そうせつ》し、外国人材《がいこくじんざい》の受入《うけい》れを開始《かいし》しました。この在留資格《ざいりゅうしかく》での中小《ちゅうしょう》・小規模事業者《しょうきぼじぎょうしゃ》の受入《うけい》れは、直接雇用《ちょくせつこよう》が主《しゅ》となります。

ところで、非正社員《ひせいしゃいん》の人手不足《ひとでぶそく》では、どのように受入《うけい》れられているのでしょうか。先述《せんじゅつ》したように、株式会社帝国《かぶしきがいしゃていこく》データバンクの「人手不足《ひとでぶそく》に対《たい》する企業《きぎょう》の動向調査《どうこうちょうさ》（２０２０年《ねん》１月《がつ》）」によれば、企業《きぎょう》の２９・２％が非正社員《ひせいしゃいん》の不足《ふそく》を感《かん》じています。非正社員《ひせいしゃいん》の従業員《じゅうぎょういん》が「不足《ふそく》」している上位《じょうい》３業種《ぎょうしゅ》は、次《つぎ》のようです。

１位　飲食店《いんしょくてん》

２位　各種商品小売《かくしゅしょうひんこうり》

３位　旅館《りょかん》・ホテル

１位《い》、２位《い》、３位《い》の共通項《きょうつうこう》としては、顧客《こきゃく》と接点《せってん》のある接客業《せっきゃくぎょう》だということがわかります。これらの接客業《せっきゃくぎょう》の多《おお》くは、慢性的《まんせいてき》な人手不足《ひとでぶそく》に陥《おちい》っています。そのため、近年《きんねん》、国内《こくない》の多《おお》くの飲食店《いんしょくてん》やコンビニエンスストアでは、留学生《りゅうがくせい》をアルバイトスタッフとして採用《さいよう》しています。

留学生《りゅうがくせい》を採用《さいよう》する先進的《せんしんてき》な取組《とりくみ》として、２０１６年《ねん》にコンビニエンスストア大手《おおて》の株《かぶ》式会社《しきがいしゃ》ローソンは、ベトナムに日本《にほん》へ来日予定《らいにちよてい》の留学生《りゅうがくせい》にレジ打《う》ちや日本語《にほんご》の接客《せっきゃく》などの業務《ぎょうむ》を学《まな》べる研修所《けんしゅうじょ》を開設《かいせつ》しました。ベトナムで接客《せっきゃく》などの研修《けんしゅう》を受《う》けた後《あと》、来日《らいにち》した留学生《りゅうがくせい》は、日本語学校《にほんごがっこう》などで日本語教育《にほんごきょういく》を受《う》けながら、放課後《ほうかご》にローソンの店舗《てんぽ》で即戦《そくせん》力《りょく》のアルバイトスタッフとして働《はたら》くことを想定《そうてい》しています。

留学生《りゅうがくせい》をアルバイトスタッフとして採用《さいよう》する以外《いがい》にも、前述《ぜんじゅつ》の日本企業《にほんきぎょう》への就職《しゅうしょく》を目《もく》的《てき》とした在留資格変更許可申請《ざいりゅうしかくへんこうきょかしんせい》が増《ふ》えてきているように、留学生《りゅうがくせい》を正社員《せいしゃいん》として採用《さいよう》する日本企業《にほんきぎょう》が増《ふ》えてきていることがわかります。留学生《りゅうがくせい》を正社員《せいしゃいん》として積極的《せっきょくてき》に採用《さいよう》する日本企業《にほんきぎょう》の取組《とりくみ》は、経営《けいえい》のグローバル化《か》に対応《たいおう》する形《かたち》でパナソニック株式会社《かぶしきがいしゃ》や株式会《かぶしきがい》社《しゃ》ファーストリテーリング、イオン株式会社《かぶしきがいしゃ》などで早《はや》い時期《じき》から行《おこな》われています。また、国外需要《こくがいじゅよう》を求《もと》めて東南《とうなん》アジア諸国《しょこく》へ進出《しんしゅつ》する日本企業《にほんきぎょう》も増《ふ》えてきています。

株式会社湖池屋《かぶしきがいしゃこいけや》は、２０１６年《ねん》３月《がつ》にベトナムにスナック菓子《がし》（ポテトチップス、コーンスナック等《など》）の製造販売《せいぞうはんばい》を目的《もくてき》とした１００％出資子会社《しゅっしこがいしゃ》のKoikeya Vietnam Co.,Ltd.を設立《せつりつ》しました。２０１７年《ねん》11月《がつ》の株式会社湖池屋《かぶしきがいしゃこいけや》のプレスリリースによれば、30年以上《ねんいじょう》のロングセラーであるブランド「カラムーチョ」とベトナムでも認知度《にんちど》の高《たか》い「ドラえもん」とでコラボレーションした「カラムーチョ」を、２０１７年《ねん》10月《がつ》からホーチミン市《し》を中心《ちゅうしん》に販売《はんばい》を開始《かいし》しました。「カラムーチョ」は、ベトナム国内《こくない》のファミリーマートやＡＥＯＮで販売《はんばい》され、売《う》れ行《ゆ》きも好調《こうちょう》のようです。

株式会社湖池屋《かぶしきがいしゃこいけや》のように、国外《こくがい》に進出《しんしゅつ》する日本企業《にほんきぎょう》は増《ふ》えています。**図表《ずひょう》2―6**は、外《がい》務省領事局政策課《むしょうりょうじきょくせいさくか》が公表《こうひょう》した「海外在留邦人数調査統計《かいがいざいりゅうほうじんすうちょうさとうけい》２０１８年要約版《ねんようやくばん》」の国《くに》（地域《ちいき》）別日系企業《べつにっけいきぎょう》（拠点《きょてん》）数上位《すうじょうい》50位推移《いすいい》から、アジアの国《くに》（地域《ちいき》）の日系企業《にっけいきぎょう》（拠点《きょてん》）数《すう》を抽出《ちゅうしゅつ》したものです。

このように、アジアの国《くに》（地域《ちいき》）の日系企業《にっけいきぎょう》（拠点《きょてん》）数《すう》の推移《すいい》を見《み》てみると、タイ、イ

図表2-6　2017年の日系企業（拠点）数上位50カ国（アジアの国・地域のみ抜粋）

順位	国（地域）名	日系企業（拠点）数	前年比
1	中国	32,349	+0.1%
3	インド	4,805	+4.7%
4	タイ	3,925	+120.1%
5	インドネシア	1,911	+5.6%
6	ベトナム	1,816	+7.6%
8	フィリピン	1,502	+4.3%
9	マレーシア	1,295	-4.9%
10	シンガポール	1,199	+5.1%
12	台湾	1,179	+2.3%
14	韓国	945	+36.0%
19	モンゴル	505	+31.9%
21	ミャンマー	438	+10.3%
24	アラブ首長国連邦	337	+4.7%
25	カンボジア	309	+14.4%
28	バングラデシュ	279	+3.3%
35	トルコ	197	+4.8%
38	ラオス	135	+3.8%
40	サウジアラビア	115	-2.5%
48	パキスタン	93	+3.3%
50	スリランカ	89	+18.7%

（出所）外務省領事局政策課「海外在留邦人数調査統計 2018年要約版（2017年10月1日現在）」

ンドネシア、ベトナム、シンガポール、韓国《かんこく》、モンゴル、ミャンマー、カンボジア、スリランカなどで、前年比《ぜんねんひ》の5%を超《こ》えています。なかでも、特《とく》に東南《とうなん》アジア諸国《しょこく》へ進出《しんしゅつ》する日系企業《にっけいきぎょう》（拠点《きょてん》）数《すう》が増《ふ》えていることがわかります。

日本企業《にほんきぎょう》の経営《けいえい》のグローバル化《か》に加《くわ》えて経営《けいえい》の現地化《げんちか》が加速《かそく》するに伴《ともな》い、現地《げんち》の風土《ふうど》や気候《きこう》、価値観《かちかん》、商習慣《しょうしゅうかん》などを理解《りかい》している日本語能力《にほんごのうりょく》を有《ゆう》した留学生《りゅうがくせい》が必要《ひつよう》になってきています。2020年《ねん》3月《がつ》1日《にち》には、就職《しゅうしょく》説明会《せつめいかい》が解禁《かいきん》され、留学生《りゅうがくせい》向《む》け企業《きぎょう》説明会《せつめいかい》が開催《かいさい》されています。近年《きんねん》では、日本企業《にほんきぎょう》が専門学校《せんもんがっこう》や大学《だいがく》へ訪問《ほうもん》し留学生《りゅうがくせい》向《む》け就職《しゅうしょく》説明《せつめい》会《かい》を個別《こべつ》に実施《じっし》するケースも散見《さんけん》されます。

［注］

（1）第一東京弁護士会人権擁護委員会国際人権部会編『外国人の法律相談Q&A 第三次改訂版』ぎょうせい、2016年の267頁を参照。

【参考文献】

佐藤由利子・堀江学「日本の留学生教育の質保証とシステムの課題―ベトナム人留学生の特徴と送出し・受入れ要因の分析―」『留学生教育』第20号、２０１５年
山下誠矢「「留学生30万」就職は厳しく」『東京新聞』２０１８年7月20日
山脇康嗣「『外国人の出入国・在留の弁護士実務』一体的に進む外国人の受入基準緩和と管理強化」『自由と正義』Vol.68, No.6、２０１７年

心、静かに。

第《だい》3章《しょう》　それでも「就職《しゅうしょく》の壁《かべ》」が立《た》ちはだかる

1　日本独特《にほんどくとく》の採用方法《さいようほうほう》

ここでは、株式会社《かぶしきがいしゃ》ディスコが2019年《ねん》8月《がつ》に発行《はっこう》した『外国人留学生《がいこくじんりゅうがくせい》の就職活《しゅうしょくかつ》動状況《どうじょうきょう》』を参考《さんこう》に話《はなし》を始《はじ》めたいと思《おも》います。外国人留学生《がいこくじんりゅうがくせい》たちが就職活動《しゅうしょくかつどう》をしていて感《かん》じた「日本《にほん》の就職活動《しゅうしょくかつどう》について、おかしいと思《おも》った制度《せいど》や習慣《しゅうかん》」についての回答《かいとう》です。

それによりますと、

①筆記試験《ひっきしけん》　36.6%
②服装《ふくそう》　35.3%
③就職活動《しゅうしょくかつどう》の時期《じき》　33.1%
④新卒一括採用《しんそついっかつさいよう》　31.9%
⑤OG・OB訪問《ほうもん》　28.8%
⑥エントリーシート　27.2%

⑦合同企業説明会《ごうどうきぎょうせつめいかい》　20・6％
⑧面接試験《めんせつしけん》　15・9％
⑨サイトのマイページ　10・9％
（以下略《いかりゃく》）

これらの回答《かいとう》にすでに日本特有《にほんとくゆう》の企業採用方式《きぎょうさいようほうしき》が見《み》て取《と》れます。これらはまさに外国人留学生《がいこくじんりゅうがくせい》だからこそ見《み》える日本《にほん》の異文化《いぶんか》そのもので、日本《にほん》での就職活動《しゅうしょくかつどう》そのものが「強烈《きょうれつ》な異文化体験《いぶんかたいけん》」と言《い》えます。

③については、現在《げんざい》、日本《にほん》は企業《きぎょう》が自主的《じしゅてき》に守《まも》るルールとして「就活《しゅうかつ》ルール」という規則《きそく》があり、採用活動《さいようかつどう》の時期《じき》が経団連《けいだんれん》によって決《き》められています。現行《げんこう》ルールでは、企業説明会《きぎょうせつめいかい》は3月《がつ》、企業面接《きぎょうめんせつ》は6月《がつ》に解禁《かいきん》、内定《ないてい》は10月《がつ》としています。

ただ、このルールには罰則規定《ばっそくきてい》はありませんから、規定《きてい》に則《そく》して実施《じっし》していない企業《きぎょう》もあります。たとえば、ソフトバンクや楽天《らくてん》がそうですし、おおむね外資系《がいしけい》の企業《きぎょう》には多《おお》いようです。

大学側《だいがくがわ》としても授業《じゅぎょう》との関連《かんれん》で一定《いってい》のルールがあることを望《のぞ》んでいるようですが、2018年《ねん》10月《がつ》に経団連《けいだんれん》の中西宏明会長《なかにしひろあきかいちょう》が2021年春入社《ねんはるにゅうしゃ》以降《いこう》のルールは作《つく》らないと正式《せいしき》に表明《ひょうめい》しています。

ただし、就職活動《しゅうしょくかつどう》を行《おこな》う学生《がくせい》に混乱《こんらん》を起《お》こさせないために、就活《しゅうかつ》ルールに関《かん》する指針《ししん》は経団連《けいだんれん》ではなく、政府《せいふ》が主導《しゅどう》することになっています。政府《せいふ》は当面《とうめん》、これまでの就活《しゅうかつ》スケジュールを維持《いじ》するとしていて、2022年度《ねんど》も大幅《おおはば》なルール変更《へんこう》はしないとしています。

しかし、2019年《ねん》4月《がつ》に経団連《けいだんれん》と大学側《だいがくがわ》が「新卒学生《しんそつがくせい》の通年採用《つうねんさいよう》」を拡大《かくだい》することで合意《ごうい》していますので、通年採用《つうねんさいよう》はそう遠《とお》くない時期《じき》に導入《どうにゅう》されていくと思《おも》われます。

②については、「リクルートスーツ」という言葉《ことば》があるように、日本《にほん》での就職《しゅうしょく》を希望《きぼう》する外国人留学生《がいこくじんりゅうがくせい》には奇異《きい》に映《うつ》るに違《ちが》いありません。外国《がいこく》でも比較的《ひかくてき》フォーマルな服《ふく》を着《き》ることも多《おお》いのですが、就職活動《しゅうしょくかつどう》をするためだけの専用《せんよう》スーツなどはありません。ですから、こうした統一《とういつ》された個性《こせい》が見《み》えない服《ふく》を着用《ちゃくよう》しての就職活動《しゅうしょくかつどう》が「変《へん》だ」と思《おも》うだけでなく、自分《じぶん》もそうした服《ふく》を購入《こうにゅう》しなければならないとなると、外国人留学生《がいこくじんりゅうがくせい》には余《よ》

計《けい》な出費《しゅっぴ》となってしまいます。自分《じぶん》の特徴《とくちょう》を出《だ》したいと考《かんが》えるならば、服装《ふくそう》ぐらいは自由《じゆう》にして欲《ほ》しいと思《おも》うのは当然《とうぜん》でしょう。

④については、「就活《しゅうかつ》ルール」と連動《れんどう》している方式《ほうしき》です。日本企業《にほんきぎょう》に多《おお》い終身雇用制《しゅうしんこようせい》や年功賃金体制《ねんこうちんぎんたいせい》とも結《むす》びついています。企業《きぎょう》が定《さだ》められた時期《じき》に翌年度卒業予定《よくねんどそつぎょうよてい》の学生《がくせい》を現年度中《げんねんどちゅう》に選考《せんこう》し、採用内定《さいようないてい》を出《だ》す方式《ほうしき》で、翌年《よくねん》4月《がつ》に新卒者《しんそつしゃ》はすべて一緒《いっしょ》に入社《にゅうしゃ》します。これは日本《にほん》の戦後《せんご》の経済成長《けいざいせいちょう》を支《ささ》えた方式《ほうしき》ですが、③との関連《かんれん》から大《おお》きな曲《ま》がり角《かど》に来《き》ているようです。

「企業《きぎょう》が優秀《ゆうしゅう》な人材《じんざい》だと判断《はんだん》したら卒業後《そつぎょうご》、何年《なんねん》経《た》っていても採用《さいよう》した方《かた》がいいのではないか」という外国人留学生《がいこくじんりゅうがくせい》として日本企業《にほんきぎょう》に就職《しゅうしょく》した先輩《せんぱい》の声《こえ》が一日《いちにち》も早《はや》く実現《じつげん》して欲《ほ》しいものです。

①については、日本式《にほんしき》の採用試験《さいようしけん》に戸惑《とまど》う留学生《りゅうがくせい》は多《おお》いと思《おも》います。日本語《にほんご》を母語《ぼご》としない留学生《りゅうがくせい》には筆記試験《ひっきしけん》はかなり難《むずか》しいと感《かん》じるはずです。筆記試験《ひっきしけん》では、おおむね性格適性検査《せいかくてきせいけんさ》と国語《こくご》（日本語《にほんご》）と数学系《すうがくけい》の問題《もんだい》、あるいは英語《えいご》が出題《しゅつだい》される場合《ばあい》もあります。多《おお》くの企業《きぎょう》が取《と》り入《い》れている代表的《だいひょうてき》な適性検査《てきせいけんさ》は「ＳＰＩ」です。「Synthetic

Personality Inventory」の略称《りゃくしょう》で、マークシート式《しき》で設問《せつもん》に答《こた》えていきます。応募者《おうぼしゃ》の適性《てきせい》や与《あた》えられた仕事《しごと》を処理《しょり》できるかを調《しら》べるもので、言語能力検査《げんごのうりょくけんさ》としては、受験者《じゅけんしゃ》のコミュニケーション力《りょく》を、非言語能力検査《ひげんごのうりょくけんさ》としては、受験者《じゅけんしゃ》の計算力《けいさんりょく》などを見《み》ます。

このほか⑧の面接試験《めんせつしけん》もあります。国外《こくがい》の入社試験《にゅうしゃしけん》でも面接《めんせつ》はありますが、日本《にほん》の場合《ばあい》は、やはり独特《どくとく》な面接《めんせつ》と言《い》えるでしょう。日本語《にほんご》があまり流暢《りゅうちょう》ではない留学生《りゅうがくせい》には大《おお》きな関門《かんもん》になってしまいます。そうでなくても面接官《めんせつかん》を前《まえ》にして大変緊張《たいへんきんちょう》しているのですから、即座《そくざ》にうまく答《こた》えられない場合《ばあい》も起《お》きるはずです。

面接担当者《めんせつたんとうしゃ》によっては厳《きび》しいことを言《い》ったり、決《き》まり切《き》った質問《しつもん》をしたりして「自己表現《じこひょうげん》がうまくできなかった」、グループディスカッションなどでは「日本人《にほんじん》と一緒《いっしょ》だったので、言葉《ことば》のハンディを感《かん》じて普段《ふだん》より話《はな》せなかった」といった先輩《せんぱい》たちの声《こえ》もあります。また面接《めんせつ》の内容《ないよう》、形式《けいしき》も同《おな》じというわけではありませんし、面接官《めんせつかん》によっても質問傾向《しつもんけいこう》が違《ちが》いますから、模擬面接《もぎめんせつ》などを繰《く》り返《かえ》して、「場《ば》」に慣《な》れることが重要《じゅうよう》です。

⑥については、これも日本独特《にほんどくとく》のものです。エントリーシート（ES）は筆記試験《ひっきしけん》などと同様《どうよう》に選考過程《せんこうかてい》で提出《ていしゅつ》を求《もと》められるのがほとんどで、国外《こくがい》では履歴書《りれきしょ》と面接《めんせつ》だけという

企業《きぎょう》も多《おお》いだけに戸惑《とまど》うのは無理《むり》もありません。

ＥＳは書面《しょめん》での面接《めんせつ》と考《かんが》えればいいと思《おも》います。企業《きぎょう》が説明会《せつめいかい》や筆記試験《ひっきしけん》、あるいは面《めん》接《せつ》の前《まえ》に提出《ていしゅつ》を求《もと》めるのが一般的《いっぱんてき》で、一種《いっしゅ》の申《もう》し込《こ》み書類《しょるい》です。ＥＳには自己《じこ》ＰＲと志望《しぼう》動機《どうき》の欄《らん》がありますから、できるだけ客観的《きゃっかんてき》に自分《じぶん》の強《つよ》みや弱《よわ》み、趣味《しゅみ》や特技《とくぎ》などをありのままに書《か》くのがいいでしょう。もちろん「その企業《きぎょう》を志望《しぼう》する動機《どうき》」「その企業《きぎょう》での抱《ほう》負《ふ》」などは、むしろ積極性《せっきょくせい》を出《だ》すようにして書《か》くことも必要《ひつよう》です。

しかし、企業研究《きぎょうけんきゅう》をした上《うえ》で、こうした書類《しょるい》を日本語《にほんご》で書《か》かなければいけませんから、その労力《ろうりょく》は日本人《にほんじん》よりさらに増大《ぞうだい》します。自分《じぶん》１人《ひと》で悩《なや》まず、日本《にほん》の友人《ゆうじん》や日本《にほん》での就《しゅう》職《しょく》を考《かんが》えている外国人留学生仲間《がいこくじんりゅうがくせいなかま》、大学《だいがく》のしかるべき担当部署《たんとうぶしょ》に相談《そうだん》することも大切《たいせつ》です。

このように日本の独特《どくとく》の採用方法《さいようほうほう》は基本的《きほんてき》には日本人《にほんじん》を採用《さいよう》するための方式《ほうしき》で、外国人《がいこくじん》留学生《りゅうがくせい》を対象《たいしょう》とは考《かんが》えていなかった時代《じだい》からのものです。それにも関《かか》わらず、現在《げんざい》、ほとんどの企業《きぎょう》が日本人《にほんじん》の就職希望者《しゅうしょくきぼうしゃ》とまったく同《おな》じ方法《ほうほう》、採用基準《さいようきじゅん》で外国人《がいこくじん》を採用《さいよう》しようとしているわけです。そのために、ほとんどの外国人《がいこくじん》の就職《しゅうしょく》希望者《きぼうしゃ》が日本《にほん》での就職《しゅうしょく》に困難《こんなん》さを感《かん》じてしまうのだろうと思《おも》います。

大学での就職支援《しゅうしょくしえん》でも、日本人《にほんじん》と外国人留学生《がいこくじんりゅうがくせい》とは別建《べつだ》ての支援《しえん》をする必要《ひつよう》があるのと同様《どうよう》に、企業《きぎょう》が外国人留学生《がいこくじんりゅうがくせい》を採用《さいよう》する際《さい》にも、やはり日本人《にほんじん》とは異《こと》なる採用方法《さいようほうほう》を今後《こんご》は取《と》り入《い》れる必要《ひつよう》があるでしょう。この点《てん》は企業側《きぎょうがわ》に特《とく》に望《のぞ》みたいところです。

２　留学生《りゅうがくせい》への高《たか》い期待水準《きたいすいじゅん》

株式会社《かぶしきがいしゃ》ディスコが２０１９年《ねん》12月《がつ》に調査《ちょうさ》した『外国人留学生《がいこくじんりゅうがくせい》／高度外国人材《こうどがいこくじんざい》の採用《さいよう》に関《かん》する企業調査《きぎょうちょうさ》』によりますと、「外国人留学生《がいこくじんりゅうがくせい》を採用《さいよう》する目的《もくてき》」では、文系《ぶんけい》・理系《りけい》とも「優秀《ゆうしゅう》な人材《じんざい》を確保《かくほ》するため」が断然《だんぜん》トップになっています。２位《い》「日本人社員《にほんじんしゃいん》への影響《えいきょう》も含《ふく》めた社内活性化《しゃないかっせいか》のため」、３位《い》「外国人《がいこくじん》としての感性《かんせい》・国際感覚等《こくさいかんかくなど》の強《つよ》みを発揮《はっき》してもらうため」、４位《い》「語学力《ごがくりょく》が必要《ひつよう》な業務《ぎょうむ》を行《おこな》うため」となっていて、文系《ぶんけい》と理系《りけい》での違《ちが》いはありませんでした。文系《ぶんけい》、理系《りけい》とも外国人留学生《がいこくじんりゅうがくせい》だからこそ、といった項目《こうもく》が上位《じょうい》に来《き》ていることがわかります。

続《つづ》いて「外国人留学生《がいこくじんりゅうがくせい》に求《もと》める資質《ししつ》」では、文系《ぶんけい》、理系《りけい》とも「日本語力《にほんごりょく》」が1位《い》で、2位《い》は「コミュニケーション能力《のうりょく》」でした。3位《い》には文系《ぶんけい》では「協調性《きょうちょうせい》」、4位《い》「基礎学力《きそがくりょく》」、5位《い》「異文化対応力《いぶんかたいおうりょく》」。理系《りけい》では3位《い》「専門知識《せんもんちしき》」、4位《い》「協調性《きょうちょうせい》」、5位《い》「基礎学力《きそがくりょく》」でした。

この2つの質問項目《しつもんこうもく》からは、ディスコの『企業調査《きぎょうちょうさ》』に記《しる》されているコメントのように「優秀《ゆうしゅう》であるのはもちろんのこと、外国人《がいこくじん》である強《つよ》みを活《い》かしつつ、日本語《にほんご》でのコミュニケーションを発揮《はっき》できる人材《じんざい》を求《もと》めている」ことがわかります。

つまり外国人留学生《がいこくじんりゅうがくせい》の皆《みな》さんに日本《にほん》の企業《きぎょう》は相当高《そうとうたか》い専門性《せんもんせい》を求《もと》めているのです。日本企業《にほんきぎょう》が外国人留学生《がいこくじんりゅうがくせい》に、1位《い》「日本語力《にほんごりょく》」、2位《い》「コミュニケーション能力《のうりょく》」を求《もと》めているのは、実際《じっさい》の業務《ぎょうむ》での日本人社員《にほんじんしゃいん》との連携《れんけい》を取《と》ったり、社外人《しゃがいじん》や顧客《こきゃく》との応対《おうたい》にはスムーズなコミュニケーションが必要《ひつよう》だと認識《にんしき》しているからです。「優秀《ゆうしゅう》な人材《じんざい》を求《もと》めている」ことを外国人留学生採用《がいこくじんりゅうがくせいさいよう》の1位《い》に挙《あ》げている企業《きぎょう》であれば、日本語能力《にほんごのうりょく》やコミュニケーション能力《のうりょく》が日本人《にほんじん》と同等《どうとう》であることを求《もと》めるのは当然《とうぜん》かもしれません。言《い》い換《か》えれば、たとえその他《た》の能力《のうりょく》が優《すぐ》れていても、日本語《にほんご》でコミュニケーションが取《と》れないと判断《はんだん》されてしまったら採用《さいよう》されないということになるでしょう。

ただし、就職《しゅうしょく》を希望《きぼう》する日本《にほん》の企業《きぎょう》が外国人留学生《がいこくじんりゅうがくせい》に何《なに》を求《もと》めているのか、企業《きぎょう》の今《こん》後《ご》の方針《ほうしん》や事業展開《じぎょうてんかい》をどのようにする予定《よてい》なのかによって、どのような外国人留学生《がいこくじんりゅうがくせい》を求《もと》めているのかが違《ちが》ってきます。そのため企業研究《きぎょうけんきゅう》は大切《たいせつ》で、おろそかにできないでしょう。

また文系《ぶんけい》では5位《い》、理系《りけい》では6位《い》になっている「異文化対応力《いぶんかたいおうりょく》」も、これより上位《じょうい》にある「協調性《きょうちょうせい》」とともに、無視《むし》できない点《てん》でしょう。日本《にほん》に対《たい》する理解《りかい》、つまり日本人《にほんじん》の考《かんが》え方《かた》や日本的《にほんてき》なマナー、習慣《しゅうかん》、働《はたら》き方《かた》などを理解《りかい》するなどして、日本《にほん》の文化《ぶんか》を受容《じゅよう》できる適応力《てきおうりょく》が求《もと》められているからです。

一例《いちれい》だけ挙《あ》げてみましょう。

日本人《にほんじん》がよく使《つか》う「曖昧《あいまい》な表現《ひょうげん》」です。これは日本人《にほんじん》と外国人《がいこくじん》の意思《いし》を通《つう》じさせる際《さい》に、たびたび誤解《ごかい》を生《しょう》じさせる要因《よういん》となります。日本人同士《にほんじんどうし》であれば、曖昧《あいまい》な表現《ひょうげん》で相手《あいて》に通《つう》じますし、気《き》まずい雰囲気《ふんいき》になるのを避《さ》けるのにも有効《ゆうこう》です。一方《いっぽう》、外国人《がいこくじん》には直接的《ちょくせつてき》、具体的《ぐたいてき》な表現《ひょうげん》でないと通《つう》じないことが多《おお》いようです。

曖昧《あいまい》な表現《ひょうげん》を使《つか》った方《ほう》がお互《たが》いに気持《きも》ちよく仕事《しごと》ができると思《おも》う日本人《にほんじん》と、はっきり物事《ものごと》を言《い》った方《ほう》がお互《たが》い気持《きも》ちよく仕事《しごと》ができると思《おも》う外国人留学生《がいこくじんりゅうがくせい》とが一緒《いっしょ》の職場《しょくば》で働《はたら》くのです。そうなれば、日本人《にほんじん》にも外国人留学生《がいこくじんりゅうがくせい》にも「異文化対応力《いぶんかたいおうりょく》」を企業《きぎょう》が求《もと》めるのは大変《たいへん》もっともなことでしょう。もうおわかりのように、日本企業《にほんきぎょう》の多《おお》くは、外国人留学生《がいこくじんりゅうがくせい》であるあなたの長所《ちょうしょ》を積極的《せっきょくてき》に引《ひ》き出《だ》そうとする一方《いっぽう》、社内《しゃない》での日本人社員《にほんじんしゃいん》との友好的《ゆうこうてき》な関係《かんけい》を非常《ひじょう》に重視《じゅうし》し、それをあなたに求《もと》めているのです。

日本企業《にほんきぎょう》は間違《まちが》いなく外国人留学生《がいこくじんりゅうがくせい》であるあなたに「①優秀《ゆうしゅう》な能力《のうりょく》を確保《かくほ》したい」「②外国人《がいこくじん》としての感性《かんせい》・国際感覚《こくさいかんかく》を発揮《はっき》してもらいたい」「③日本人社員《にほんじんしゃいん》への刺激《しげき》となり社内活性化《しゃないかっせいか》をはかりたい」「④外国人《がいこくじん》ならではのアイデアで企業《きぎょう》の成長《せいちょう》をはかりたい」といったことを期待《きたい》しています。

しかし、その反面《はんめん》、次《つぎ》のような外国人留学生《がいこくじんりゅうがくせい》の採用《さいよう》に対《たい》するいくつかの企業《きぎょう》からのコメントがあることを忘《わす》れないでください（株式会社《かぶしきがいしゃ》リクルートキャリア就職《しゅうしょく》みらい研究所《けんきゅうじょ》『外国人留学生《がいこくじんりゅうがくせい》の採用《さいよう》・就職《しゅうしょく》に関《かん》するデータ集《しゅう》２０１７年《ねん》６月《がつ》』より）。

積極的《せっきょくてき》に採用《さいよう》しているわけではないが、良《よ》い方《かた》がいればというふうに考《かんが》えている。留学生《りゅうがくせい》の応募《おうぼ》は、毎年一定数《まいとしいっていすう》ある。留学生《りゅうがくせい》と日本人学生《にほんじんがくせい》とでは、選考目線《せんこうめせん》で見《み》ると、やはり日本語力《にほんごりょく》というところが、残念《ざんねん》ながら劣《おと》るといった印象《いんしょう》。あとは、本当《ほんとう》に将来《しょうらい》も日本《にほん》で働《はたら》くかどうかという、本人《ほんにん》の決意《けつい》がどうか。面接《めんせつ》でずっと働《はたら》きたいというが、そもそも働《はたら》きたいと思《おも》う理由《りゆう》について掘《ほ》り下《さ》げて聞《き》いても、学生《がくせい》にとってあまり必然性《ひつぜんせい》はないのかなという印象《いんしょう》を受《う》ける。（金融業《きんゆうぎょう》）

外国人留学生《がいこくじんりゅうがくせい》の採用《さいよう》を行《おこな》っていたが、来年度《らいねんど》は少《すこ》し見直《みなお》そうと考《かんが》えている。（中略《ちゅうりゃく》）入社《にゅうしゃ》の手続《てつづ》きやＶＩＳＡの件《けん》など難《むずか》しいところもある。長《なが》く働《はたら》いて欲《ほ》しいと思《おも》っていても、途中《とちゅう》で帰国《きこく》されたり、辞《や》められたりする傾向《けいこう》があるので、日本国内《にほんこくない》で活躍《かつやく》できるような人《じん》

材《ざい》の方《ほう》がよいのでは、という方向《ほうこう》に。（サービス・情報業《じょうほうぎょう》）

事業《じぎょう》がグローバルに展開《てんかい》している中《なか》で、ダイバーシティを大事《だいじ》にしようということから海外人材《かいがいじんざい》の採用《さいよう》を考《かんが》えた。留学生《りゅうがくせい》を採用《さいよう》する際《さい》の課題《かだい》としては、言葉《ことば》といつまでいてくれるかという、コミュニケーションと定着《ていちゃく》の問題《もんだい》。最初《さいしょ》はずっと日本《にほん》で働《はたら》きたいと言《い》ってくれるが、入《はい》ってしばらくすると、そうでもないような気持《きも》ちが出《で》てくる様子《ようす》が見《み》られる。言葉《ことば》の問題《もんだい》はあるが、それよりも、違《ちが》う国《くに》にいつまでいるか、ということだと思《おも》う。（製《せい》造業《ぞうぎょう》）

このように留学生《りゅうがくせい》への高《たか》い期待《きたい》といったことで見《み》てきますと、日本《にほん》の企業《きぎょう》が外国人留《がいこくじんりゅう》学生《がくせい》に求《もと》める最《もっと》も高《たか》い期待《きたい》とは、「あなたとの強《つよ》い信頼関係《しんらいかんけい》を築《きず》きたい」ということになるのかもしれません。

けっこうです
? ? ?
YES? or NO?

第《だい》４章《しょう》　「就職《しゅうしょく》の壁《かべ》」を乗《の》り越《こ》えるために

1　最優先《さいゆうせん》すべきは日本語能力《にほんごのうりょく》の強化《きょうか》

日本《にほん》の企業《きぎょう》が留学生《りゅうがくせい》に求《もと》めることは、「あなたと信頼関係《しんらいかんけい》を築《きず》けるかどうか」ということですが、さまざまな「就職《しゅうしょく》の壁《かべ》」を乗《の》り越《こ》えるためには、もちろん日本語能力《にほんごのうりょく》も上《あ》げていかなければなりません。ただ、日本語能力《にほんごのうりょく》といってもさまざまです。具体的《ぐたいてき》にはどのような能力《のうりょく》が求《もと》められているのでしょうか。

株式会社《かぶしきがいしゃ》ディスコによる「外国人留学生《がいこくじんりゅうがくせい》／高度外国人材《こうどがいこくじんざい》の採用《さいよう》に関《かん》する企業調査《きぎょうちょうさ》」（2019年《ねん》12月《がつ》調査《ちょうさ》）によると、全国《ぜんこく》の主要企業《しゅようきぎょう》679社《しゃ》が「外国人留学生《がいこくじんりゅうがくせい》に求《もと》める資質《しし》」として挙《あ》げた項目《こうもく》は、文系《ぶんけい》・理系《りけい》ともに「日本語力《にほんごりょく》」が1位《い》、「コミュニケーション能力《のうりょく》」が2位《い》でした。この調査結果《ちょうさけっか》からも、①日本語《にほんご》のうまさと②コミュニケーション力《りょく》の2つが大切《たいせつ》であることがわかります。

それでは、1位《い》の「日本語力《にほんごりょく》」とは、やはり「日本語能力試験《にほんごのうりょくしけん》N1やN2」レベルが必要《ひつよう》ということなのでしょうか。

しかし、**最終的《さいしゅうてき》に採用《さいよう》か不採用《ふさいよう》かを判断《はんだん》するには、面接《めんせつ》が大切《たいせつ》です。企業《きぎょう》は面接《めんせつ》で、単純《たんじゅん》な語学力《ごがくりょく》としての日本語能力《にほんごのうりょく》とコミュニケーション力《ちから》を見《み》て、総合的《そうごうてき》に判断《はんだん》をするため、N1を持《も》っているということを履歴書《りれきしょ》に書《か》けなくても、面接《めんせつ》で相手《あいて》の話《はなし》を理解《りかい》し、自《じ》分《ぶん》の意見《いけん》や考《かんが》えを言《い》えることが大切《たいせつ》だと考《かんが》えられます。**

このようにコミュニケーションを取《と》ることができれば、企業《きぎょう》も「あなたと信頼関係《しんらいかんけい》を築《きず》けていけそうだ」と感《かん》じられるのではないでしょうか。

ところで、面接《めんせつ》では、どのくらいのレベルの日本語能力《にほんごのうりょく》が求《もと》められているのでしょうか。先《さき》ほどの調査《ちょうさ》を見《み》ると、全国《ぜんこく》の主要企業《しゅようきぎょう》679社《しゃ》のうち90％ぐらいの企業《きぎょう》が、「外国人《がいこくじん》留学生《りゅうがくせい》の内定《ないてい》（選考《せんこう》）時《じ》に求《もと》める日本語《にほんご》コミュニケーションレベル」として、文系《ぶんけい》・理《り》系《けい》を問《と》わず、学生《がくせい》にはN2以上《いじょう》の能力《のうりょく》を求《もと》めているのではないかと考《かんが》えることができます。N3程度《ていど》、あるいはそれ以下《いか》でも大丈夫《だいじょうぶ》だと考《かんが》えている企業《きぎょう》も10％程度《ていど》ありそうです。

面接《めんせつ》では、相手《あいて》の話《はなし》をしっかりと理解《りかい》し自分《じぶん》の意見《いけん》や考《かんが》えを言《い》うことが大切《たいせつ》ですが、これは②のコミュニケーション力《りょく》にもつながっています。①日本語《にほんご》のうまさと②コミュニケーション力《りょく》はセットになっています。つまり、面接時《めんせつじ》にコミュニケーションが取《と》れて、ある程度《ていど》の日本語《にほんご》能力《のうりょく》があると判断《はんだん》されれば良《よ》いのです。ところで、各企業《かくきぎょう》には、はっきりとした採用《さいよう》の判断基準《はんだんきじゅん》があるのでしょうか。

株式会社《かぶしきがいしゃ》ディスコの「外国人留学生《がいこくじんりゅうがくせい》の就職活動状況《しゅうしょくかつどうじょうきょう》」（2019年《ねん》8月《がつ》）の調査結果《ちょうさけっか》によれば、日本語能力試験《にほんごのうりょくしけん》の基準《きじゅん》はないという企業《きぎょう》が全体《ぜんたい》の44％でした。N2の入社基準《にゅうしゃきじゅん》がある企業《きぎょう》は30・4％（2018年《ねん》8月《がつ》調査《ちょうさ》では14・6％）、N1の入社基準《にゅうしゃきじゅん》がある企業《きぎょう》は19・6％（2018年《ねん》8月《がつ》調査《ちょうさ》では19・2％）となっているので、合《あ》わせて50％の企業《きぎょう》、つまり、2つに1つの企業《きぎょう》にはN2以上《いじょう》の入社基準《にゅうしゃきじゅん》があるのです。先《さき》ほど90％ぐらいの企業《きぎょう》が学生《がくせい》にN2以上《いじょう》の能力《のうりょく》を求《もと》めていると言《い》いましたが、どうして、はっきりとした入社基準《にゅうしゃきじゅん》がある企業《きぎょう》は50％なのでしょうか。

ここで大切《たいせつ》なことは、90％ぐらいの企業《きぎょう》が求《もと》めているのが「日本語《にほんご》のうまさ」ではなく「日本語《にほんご》コミュニケーションレベル」であることです。**採用《さいよう》の時《とき》は、日本語《にほんご》レベルの基準《きじゅん》はないことも多《おお》いが、面接時《めんせつじ》にしっかり聞《き》けてしっかり話《はな》せるかということが、採用《さいよう》か不採用《ふさいよう》かを分《わ》ける重要《じゅうよう》なポイントとなっているのです。そして、多少《たしょう》つたなくても、ある程度《ていど》のコミュニケーション能力《のうりょく》があれば、企業《きぎょう》としては留学生《りゅうがくせい》の人間性《にんげんせい》や状況判断力《じょうきょうはんだんりょく》を判《はん》**

断材料《だんざいりょう》とするということにもなるのではないでしょうか。企業《きぎょう》が留学生《りゅうがくせい》に求《もと》めるものとして、「相手《あいて》の考《かんが》えを理解《りかい》する能力《のうりょく》」と「自分《じぶん》の考《かんが》えを表現《ひょうげん》する能力《のうりょく》」の次《つぎ》に、「ＴＰＯや人《にん》間関係《げんかんけい》に配慮《はいりょ》して適切《てきせつ》に表現《ひょうげん》する能力《のうりょく》」も挙《あ》げられています。

たとえば、途中《とちゅう》までうまく進《すす》んでいた面接《めんせつ》の時《とき》に突然《とつぜん》、数年《すうねん》したら母国《ぼこく》に帰《かえ》るつもりであるとあなたが話《はな》し始《はじ》めたら、企業側《きぎょうがわ》はどう感《かん》じるでしょうか。状況《じょうきょう》はもちろん相手《あいて》の気持《きも》ちや意見《いけん》も考《かんが》えた上《うえ》で、コミュニケーションを取《と》る必要《ひつよう》があるのです。

このように、①日本語《にほんご》のうまさと②コミュニケーション力《りょく》をセットにして初《はじ》めて、日本《にほん》語能力《ごのうりょく》と言《い》うことができるのです。それから、皆《みな》さんの日本語能力《にほんごのうりょく》はもちろん、文化背景《ぶんかはいけい》や母語《ぼご》も十分強《じゅうぶんつよ》みになるでしょう。

2　日本《にほん》のビジネス習慣《しゅうかん》に関《かん》する理解《りかい》

日本《にほん》のビジネス習慣《しゅうかん》とは何《なに》でしょうか。ビジネス習慣《しゅうかん》というのは、日本《にほん》で働《はたら》く上《うえ》での社《しゃ》会《かい》の習慣《しゅうかん》と考《かんが》えてみるとイメージしやすいかもしれません。たとえば、敬語《けいご》も日本《にほん》のビジネス習慣《しゅうかん》の一《ひと》つです。皆《みな》さんも友達《ともだち》と話《はな》す時《とき》、先生《せんせい》や店長《てんちょう》、先輩《せんぱい》やお客《きゃく》さんと話《はな》す時《とき》にはそれぞれ違《ちが》う話《はな》し方《かた》をしていると思《おも》います。会社《かいしゃ》で働《はたら》く時《とき》もＴＰＯに応《おう》じて正《ただ》しい言葉《ことば》を使《つか》わなければなりません。

ビジネス習慣《しゅうかん》は、もちろん敬語《けいご》だけではありません。その他《ほか》にも多《おお》くのビジネス習慣《しゅうかん》があるので、すべてを知《し》ることは難《むずか》しいかもしれません。ここではまず、「年功序列《ねんこうじょれつ》」と「終身雇用《しゅうしんこよう》」という2つのキーワードを押《お》さえておきましょう。

「年功序列《ねんこうじょれつ》」とは、年齢《ねんれい》や勤続年数《きんぞくねんすう》によって、給料《きゅうりょう》や役職《やくしょく》を決《き》めていくシステムです。一般的《いっぱんてき》には年齢《ねんれい》と勤続年数《きんぞくねんすう》が上《あ》がるに連《つ》れ、給料《きゅうりょう》も役職《やくしょく》も上《あ》がっていきます。次《つぎ》に「終身雇用《しゅうしんこよう》」とは、ある会社《かいしゃ》に正社員《せいしゃいん》として入社《にゅうしゃ》した場合《ばあい》、定年《ていねん》まで働《はたら》くことができるというシステムです。日本《にほん》では戦後《せんご》から現在《げんざい》まで、「年功序列《ねんこうじょれつ》」と「終身雇用《しゅうしんこよう》」というシステムが日本《にほん》の社会《しゃかい》と経済《けいざい》の発展《はってん》を助《たす》けてきたと言《い》われています。同《おな》じ会社《かいしゃ》で定年《ていねん》までの長《なが》い期間《きかん》、真面目《まじめ》に働《はたら》いていれば、基本的《きほんてき》には段々《だんだん》と偉《えら》くなっていき、給料《きゅうりょう》も高《たか》くなっていくということです。

ここで一《ひと》つ注意《ちゅうい》しなければならないのは、日本《にほん》の社会《しゃかい》では能力《のうりょく》があるかないかに関《かか》わらず、年齢《ねんれい》や勤続年数《きんぞくねんすう》を大切《たいせつ》にする傾向《けいこう》があります。皆《みな》さんが若《わか》くて能力《のうりょく》が高《たか》かったとしても、それだけですぐに偉《えら》くなったり、高《たか》い給料《きゅうりょう》がもらえたりするわけではありません。

ただ、これまでは、経済《けいざい》や社会《しゃかい》が安定《あんてい》していたからこそ「年功序列《ねんこうじょれつ》」や「終身雇用《しゅうしんこよう》」というシステムが成《な》り立《た》っていたと言《い》われています。最近《さいきん》では、段々《だんだん》と「年功序列《ねんこうじょれつ》」や「終身雇用《しゅうしんこよう》」という考《かんが》えにとらわれない人《ひと》や企業《きぎょう》も増《ふ》えてきています。数年間経験《すうねんかんけいけん》を積《つ》んだら転職《てんしょく》や起業《きぎょう》を考《かんが》えたいという若《わか》い人《ひと》も少《すく》なくありません。しかし、少《すこ》しずつ社会全体《しゃかいぜんたい》で考《かんが》え方《かた》が変《か》わってきているものの、基本的《きほんてき》には年齢《ねんれい》や勤続年数《きんぞくねんすう》を大切《たいせつ》にするのが日本《にほん》の社会《しゃかい》であるということは覚《おぼ》えておきましょう。

次《つぎ》に、年齢《ねんれい》が高《たか》いことや勤続年数《きんぞくねんすう》が長《なが》いことが、どのように日本社会《にほんしゃかい》と関係《かんけい》しているかを見《み》ていきます。

日常《にちじょう》の色々《いろいろ》なところで、年齢《ねんれい》や勤続年数《きんぞくねんすう》が自分《じぶん》より上《うえ》の人《ひと》に出会《であ》うことがあると思《おも》いますが、年齢《ねんれい》や勤続年数《きんぞくねんすう》が上《うえ》の人《ひと》は、誰《だれ》でもあなたの先輩《せんぱい》と考《かんが》えてみましょう。皆《みな》さんはアルバイト先《さき》や学校《がっこう》などで先輩《せんぱい》・後輩《こうはい》という言葉《ことば》を聞《き》いたことがあるかもしれません。これが基本的《きほんてき》な日本《にほん》の上下関係《じょうげかんけい》になります。国《くに》によっては、上下関係《じょうげかんけい》がなかったり、気《き》にしなかったりするかもしれませんが、日本《にほん》では、先輩《せんぱい》には色々《いろいろ》と気《き》を遣《つか》う必要《ひつよう》がある社会《しゃかい》です。また、勤続年数《きんぞくねんすう》は自分《じぶん》より上《うえ》だが、年齢《ねんれい》は自分《じぶん》よりも下《した》という先輩《せんぱい》もいます。そのような場合《ばあい》でも、自分《じぶん》より勤続年数《きんぞくねんすう》が長《なが》い人《ひと》は、年齢《ねんれい》に関《かか》わらず全員先輩《ぜんいんせんぱい》だと考《かんが》えましょう。

皆《みな》さんが日本《にほん》の会社《かいしゃ》に就職《しゅうしょく》して最初《さいしょ》から偉《えら》そうにしていたり、丁寧《ていねい》に話《はな》さなかったり、自分《じぶん》の意見《いけん》ばかりで先輩《せんぱい》の話《はなし》を聞《き》かなかったりしていたらどうなるのでしょうか。そういった場合《ばあい》は、皆《みな》さんにどんなに能力《のうりょく》があったとしても、日本《にほん》の企業《きぎょう》ではうまくいかない可能性《かのうせい》があります。もちろん、自分《じぶん》の意見《いけん》を言《い》うことは大切《たいせつ》ですが、**日本《にほん》では協調性《きょうちょうせい》や場《ば》の空気《くうき》を読《よ》むことを大切《たいせつ》にします。常《つね》に自分《じぶん》を主張《しゅちょう》するのではなく、先輩《せんぱい》のやり方《かた》や意見《いけん》も尊重《そんちょう》するようにしてみましょう。日本社会《にほんしゃかい》では、立場《たちば》としては先輩《せんぱい》の方《ほう》があなたよりも上《うえ》になるということを常《つね》に意識《いしき》しておくことが大切《たいせつ》です。**

しかし、こうした考《かんが》え方《かた》が日本《にほん》の残業《ざんぎょう》の多《おお》さや有給休暇《ゆうきゅうきゅうか》を取《と》りにくい社会《しゃかい》にしている可能性《かのうせい》もあります。

先輩《せんぱい》に対《たい》して気《き》を遣《つか》うあまり、先輩《せんぱい》より早《はや》く家《いえ》に帰《かえ》るのは良《よ》くない、自分《じぶん》の仕事《しごと》が終《お》わったら先輩《せんぱい》を手伝《てつだ》ったほうが良《よ》い、先輩《せんぱい》が休《やす》んでいないのに自分《じぶん》が休《やす》みを取《と》るわけにはいかないという話《はなし》を聞《き》いたことがあるかもしれません。必《かなら》ずそのようにしなければならないということではありませんし、業種《ぎょうしゅ》や企業《きぎょう》によっても違《ちが》います。ただ、母国《ぼこく》との文化《ぶんか》や習慣《しゅうかん》の違《ちが》いから、そのような考《かんが》えに対《たい》して抵抗《ていこう》のある留学生《りゅうがくせい》も多《おお》いようです。良《よ》い悪《わる》いは別《べつ》としても、日本《にほん》にはこういったビジネス習慣《しゅうかん》があるのです。

そして、最後《さいご》に日本《にほん》の「飲《の》み」の習慣《しゅうかん》についても少《すこ》し触《ふ》れておきます。どうして日本《にほん》では飲《の》み会《かい》が多《おお》いのでしょうか。日本《にほん》の企業《きぎょう》では、仕事中《しごとちゅう》に先輩《せんぱい》に対《たい》してはっきり意見《いけん》が言《い》えなかったり、質問《しつもん》しづらい雰囲気《ふんいき》だったりすることもあるので、先輩《せんぱい》と後輩《こうはい》の間《あいだ》でうまくコミュニケーションが取《と》れていないこともあるのです。そのため、会社《かいしゃ》の飲《の》み会《かい》の多《おお》くは、「飲《の》み会《かい》では立場《たちば》を気《き》にせず何《なん》でも気軽《きがる》に話《はな》しましょう」「もっとお互《たが》いのことを知《し》りましょう」という目的《もくてき》で開《ひら》かれています。

しかし、そのような飲《の》み会《かい》でも先輩《せんぱい》にまったく気《き》を遣《つか》わなくて良《よ》いわけではないのが日《に》本社会《ほんしゃかい》です。先輩《せんぱい》の席《せき》の位置《いち》を気《き》にしたり、先輩《せんぱい》にお酒《さけ》をついだり、料理《りょうり》を取《と》り分《わ》けたり、色々《いろいろ》と気《き》を遣《つか》った方《ほう》が良《よ》いと考《かんが》えておきましょう。また、いくら用事《ようじ》があっても毎回《まいかい》飲《の》み会《かい》を断《ことわ》っていると、あまり良《よ》く思《おも》われない可能性《かのうせい》があるということも覚《おぼ》えておきましょう。

その他《ほか》にも名刺《めいし》交換《こうかん》や会議《かいぎ》、お中元《ちゅうげん》やお歳暮《せいぼ》、年賀状《ねんがじょう》やビジネスメールなど、たくさんのビジネス習慣《しゅうかん》があります。どのビジネス習慣《しゅうかん》を理解《りかい》する上《うえ》でも、日本《にほん》では先輩《せんぱい》や他人《たにん》に気《き》を遣《つか》うこと、協調性《きょうちょうせい》や場《ば》の空気《くうき》を読《よ》むことが大切《たいせつ》であるということをまず思《おも》い出《だ》してみましょう。

日本《にほん》のビジネス習慣《しゅうかん》について知《し》らないまま就職《しゅうしょく》した場合《ばあい》、母国《ぼこく》の文化《ぶんか》や価値観《かちかん》との違《ちが》いが大《おお》きく、力《ちから》を発揮《はっき》できないばかりか、会社《かいしゃ》を辞《や》めてしまうことにもつながりかねません。

3　言葉遣《ことばづか》いやマナーの習得《しゅうとく》

日本《にほん》ではTPOによってさまざまな言葉遣《ことばづか》いやマナーが必要《ひつよう》になってきます。具体的《ぐたいてき》にはどのような言葉遣《ことばづか》いやマナーがあるのでしょうか。ここでは大《おお》きく分《わ》けて、①服装《ふくそう》　②ヘアースタイル・メイク　③挨拶《あいさつ》・敬語《けいご》　④電話《でんわ》・メール・手紙《てがみ》という4つの項目《こうもく》を見《み》ていきましょう。

まずは①服装《ふくそう》です。もちろん場合《ばあい》によりますが、日本《にほん》では派手《はで》な服装《ふくそう》よりも控《ひか》えめな服《ふく》装《そう》が好《この》まれる傾向《けいこう》があります。さらに、日本《にほん》ではどんな時《とき》も、TPOを考《かんが》え、周《まわ》りに合《あ》わせることが大切《たいせつ》です。これは①服装《ふくそう》だけでなく、他《ほか》のことにも共通《きょうつう》しています。日本《にほん》で暮《く》らしていく上《うえ》で、何《なに》が好《この》ましいのか、何《なに》が好《この》まれているのかということについては、あらかじめ調《しら》べておくことが大切《たいせつ》です。日本《にほん》では日常《にちじょう》で似《に》たような色《いろ》を使《つか》っているように見《み》えますが、それには色々《いろいろ》と理由《りゆう》があるのです。就職活動《しゅうしょくかつどう》をする時《とき》もやはり同《おな》じです。業界《ぎょうかい》や企業《きぎょう》によってはスーツが好《この》ましい場合《ばあい》や、時《とき》には私服《しふく》の方《ほう》が好《この》ましいこともあります。

次《つぎ》に、②ヘアースタイル・メイクについてですが、こちらもまずはTPOを考《かんが》えましょう。ヘアースタイルやメイクは個性《こせい》を表現《ひょうげん》する上《うえ》で大切《たいせつ》ですが、日本《にほん》では奇抜《きばつ》で派手《はで》な人《ひと》を見《み》かけることは少《すく》ないかもしれません。就職活動《しゅうしょくかつどう》をする時《とき》には、業界《ぎょうかい》や企業《きぎょう》によるものの、一般的《いっぱんてき》には奇抜《きばつ》で派手《はで》なものは受《う》け入《い》れてもらえないと考《かんが》えておきましょう。また、ピアスやタトゥーについての質問《しつもん》もよくあります。ピアスやタトゥーも個性《こせい》を表現《ひょうげん》するためのもので、国《くに》や地域《ちいき》、宗教《しゅうきょう》によってはお守《まも》りということもあります。しかし、日本《にほん》の社会《しゃかい》ではピアスやタトゥーに抵抗《ていこう》がある人《ひと》もいます。日本特有《にほんとくゆう》の考《かんが》え方《かた》の一《ひと》つとして覚《おぼ》えておきましょう。

①と②に共通《きょうつう》しているのは、日本《にほん》ではTPOをわきまえ、周《まわ》りに合《あ》わせるのがいちばん大切《たいせつ》であるということです。

次《つぎ》に、③挨拶《あいさつ》・敬語《けいご》 ④電話《でんわ》・メール・手紙《てがみ》について見《み》ていきます。挨拶《あいさつ》ができないということは日本《にほん》ではマイナスになってしまいます。ただ、国《くに》によっては、習慣《しゅうかん》がないということや日本《にほん》と挨拶《あいさつ》のタイミングや回数《かいすう》が違《ちが》うということもあります。そのため、日本《にほん》の挨拶《あいさつ》について理解《りかい》できないこともあると思《おも》いますが、**日本《にほん》では常《つね》に挨拶《あいさつ》することを心掛《こころが》けましょう。**

敬語《けいご》についても、理解《りかい》や習得《しゅうとく》が難《むずか》しいかもしれません。まずは**「です・ます調《ちょう》」を、普《ふ》段《だん》から徹底《てってい》して心掛《こころが》けましょう。**皆《みな》さんも先生《せんせい》や店長《てんちょう》についつい普通形《ふつうけい》の日本語《にほんご》を使《つか》ってしまったことはありませんか。就職活動《しゅうしょくかつどう》でも友達《ともだち》と話《はな》すような日本語《にほんご》になってしまっては印象《いんしょう》も良《よ》くありません。どのような時《とき》でも丁寧《ていねい》な日本語《にほんご》が使《つか》えるようにしましょう。

挨拶《あいさつ》と敬語《けいご》と、④電話《でんわ》・メール・手紙《てがみ》についてのマナーは関係《かんけい》しています。日本《にほん》では電《でん》話《わ》をする時《とき》も、メールや手紙《てがみ》を送《おく》る時《とき》も、要件《ようけん》だけを伝《つた》えるのはあまり良《よ》くないとされています。そのため、電話《でんわ》・メール・手紙《てがみ》でも挨拶《あいさつ》の言葉《ことば》を入《い》れ、敬語《けいご》を使《つか》い分《わ》ける必要《ひつよう》があります。③と④を理解《りかい》するためにも、まずは自分《じぶん》だけのテンプレートを作《つく》っておくことから始《はじ》めましょう。少《すく》なくとも、テンプレートを準備《じゅんび》しておけば、就職活動中《しゅうしょくかつどうちゅう》に電話《でんわ》をすることになったりメールや手紙《てがみ》を送《おく》ることになったりしても安心《あんしん》です。**

（注：上記のうち「③と④を理解するためにも、…安心です。」は太字）

何度《なんど》もテンプレート通《どお》りに繰《く》り返《かえ》していると、段々《だんだん》と言《い》い回《まわ》しが身《み》についてくることもメリットです。

①から④をすぐに理解《りかい》するのは難《むずか》しいかもしれません。それでも大切《たいせつ》なことは、日頃《ひごろ》から心掛《こころが》けること、そして、気《き》になることがあればすぐに調《しら》べておくことです。自分《じぶん》の中《なか》で母国《ぼこく》との違《ちが》いをしっかりと理解《りかい》しておきましょう。

4　自分《じぶん》の「売《う》り」を磨《みが》く

「さまざまな就職《しゅうしょく》の壁《かべ》」を乗《の》り越《こ》えるためには、日本語能力《にほんごのうりょく》を上《あ》げること、日本《にほん》のビジネス習慣《しゅうかん》、言葉遣《ことばづか》いやマナーを知《し》ることが必要《ひつよう》だとわかってきたと思《おも》いますが、この他《ほか》にも大切《たいせつ》なことがあります。それは、自分《じぶん》の「売《う》り」は何《なに》かということです。

自分《じぶん》の「売《う》り」とは何《なに》でしょうか。たとえば、自分《じぶん》をお店《みせ》にある商品《しょうひん》として考《かんが》えてみましょう。そうすると、就職活動《しゅうしょくかつどう》での自分《じぶん》の「売《う》り」とは、自分《じぶん》という商品《しょうひん》の「セールスポイント」と考《かんが》えられます。長所《ちょうしょ》と少《すこ》し似《に》ていますが、長所《ちょうしょ》は自分《じぶん》の良《よ》い面《めん》です。自分《じぶん》の「売《う》り」というのは、自分《じぶん》にしかない能力《のうりょく》や経験《けいけん》など、長所《ちょうしょ》よりも具体的《ぐたいてき》なものです。就《しゅう》職活動《しょくかつどう》で自分《じぶん》の「売《う》り」をアピールできれば、採用《さいよう》する側《がわ》に大《おお》きな印象《いんしょう》を残《のこ》すことができます。しかし、誰《だれ》もが数《すう》か国語《こくご》を話《はな》せたり、特別《とくべつ》な資格《しかく》を持《も》っているわけではありません。それでは、自分《じぶん》の「売《う》り」をどうやって探《さが》していけば良《よ》いのでしょうか。それにはまず、「自己分析《じこぶんせき》」が必要《ひつよう》です。

就職活動《しゅうしょくかつどう》では、あなたが本当《ほんとう》はどのような人間《にんげん》なのかということについて説明《せつめい》する必《ひつ》要《よう》があります。また、留学生《りゅうがくせい》の皆《みな》さんの場合《ばあい》、日本《にほん》に来《き》た理由《りゆう》や日本《にほん》で就職《しゅうしょく》する理由《りゆう》について聞《き》かれる可能性《かのうせい》はとても高《たか》いです。その時《とき》に、はっきりと答《こた》えられなければあなたをアピールすることはできませんし、場合《ばあい》によってはマイナスの印象《いんしょう》を与《あた》えてしまうかもしれません。就職活動《しゅうしょくかつどう》では、どのくらい自分《じぶん》について知《し》っているかということがとても大《たい》切《せつ》です。

日本人学生《にほんじんがくせい》もそうですが、多《おお》くの人《ひと》は就職活動《しゅうしょくかつどう》が本格的《ほんかくてき》に始《はじ》まるまでに自分《じぶん》のことを調《しら》べます。この、自分《じぶん》を調《しら》べる作業《さぎょう》を「自己分析《じこぶんせき》」と言《い》います。たとえば、「自分《じぶん》の長所《ちょうしょ》や短所《たんしょ》」、「自分《じぶん》の性格《せいかく》や趣味《しゅみ》」、「日本《にほん》に来《き》た理由《りゆう》や日本《にほん》で就職《しゅうしょく》する理由《りゆう》」、「学生時代《がくせいじだい》にいちばん力《ちから》を入《い》れたこと」、「自分《じぶん》の将来《しょうらい》について」といったように、じっくりと時間《じかん》をかけて考《かんが》えていくことです。（自己分析《じこぶんせき》については第《だい》6章《しょう》で詳《くわ》しく触《ふ》れていますので、そちらもご覧《らん》ください）。

この「自己分析《じこぶんせき》」をすることで、自分《じぶん》の「売《う》り」を発見《はっけん》することができるはずです。しかし、就職活動《しゅうしょくかつどう》が始《はじ》まるまでに、あなたの「売《う》り」をさらに磨《みが》いておく必要《ひつよう》があります。そのためにも、来日前《らいにちまえ》、もしくは来日後《らいにちご》できるだけ早《はや》いうちから、「自己分析《じこぶんせき》」を行《おこな》いましょう。そして、その「自己分析《じこぶんせき》」をもとに業界《ぎょうかい》・企業研究《きぎょうけんきゅう》をしたり、アルバイトをしたりといったように、意識的《いしきてき》に日常《にちじょう》を過《す》ごすことが大切《たいせつ》です。数年後《すうねんご》に日本《にほん》で就職《しゅうしょく》をする自分《じぶん》をイメージし、早《はや》いうちから準備《じゅんび》をしたり実践《じっせん》したりすることで一貫性《いっかんせい》が生《う》まれます。

面接《めんせつ》の時《とき》に、「私《わたし》は本当《ほんとう》に努力家《どりょくか》です。たとえば、日本《にほん》のホテルで働《はたら》きたいので、毎日《まいにち》接客《せっきゃく》を頑張《がんば》りました。」と話《はな》すよりも、「私《わたし》は努力《どりょく》して結果《けっか》を出《だ》すタイプの人間《にんげん》です。もともと将来《しょうらい》は日本《にほん》のホテルで就職《しゅうしょく》したいと思《おも》っていましたので、ホテルのアルバイトでは接《せっ》客《きゃく》を頑張《がんば》り、そのホテルで接客《せっきゃく》がいちばん良《よ》いとマネージャーやお客《きゃく》さんから褒《ほ》められたことがあります。そして、さらに良《よ》い接客《せっきゃく》をするために毎日勉強《まいにちべんきょう》して、BJTビジネス日《に》本語能力《ほんごのうりょく》テストでJ1レベルになりました」といったように、具体的《ぐたいてき》な内容《ないよう》で、わかりやすく話《はな》すことが大切《たいせつ》です。

第《だい》6章《しょう》でも触《ふ》れますが、自分《じぶん》のことを相手《あいて》に覚《おぼ》えてもらうためにも、事実《じじつ》や実体験《じったいけん》による自分《じぶん》の「ストーリー」を考《かんが》えておくことは、面接《めんせつ》やエントリーシート作成時《さくせいじ》に効果的《こうかてき》です。しっかりとした理由《りゆう》による行動《こうどう》とエピソード、そしてその結果《けっか》をわかりやすくまとめておくということです。

以上《いじょう》をまとめると、**自分《じぶん》をアピールするためには早《はや》くから「自己分析《じこぶんせき》」を行《おこな》い、その上《うえ》で業界《ぎょうかい》・企業研究《きぎょうけんきゅう》も進《すす》めておくこと、そして、自分《じぶん》の「売《う》り」を磨《みが》いて用意《ようい》しておくことが、日本《にほん》の就職活動《しゅうしょくかつどう》で成功《せいこう》するためのカギとなります。**ありがちな内容《ないよう》やコピーアンドペーストしたようなものでは、アピールどころか、手抜《てぬ》きであるとすぐにバレてしまいます。

業界《ぎょうかい》や企業《きぎょう》が求《もと》めているニーズに合《あ》っていれば、あなたの性格《せいかく》や趣味《しゅみ》、バックグラウンド、経験《けいけん》や資格《しかく》などあらゆることが自分《じぶん》の「売《う》り」となるはずです。

【参考文献】

久保田学『留学生のための就職内定ワークブック』日本能率協会マネジメントセンター、２０１８年
日本学生支援機構『外国人留学生のための就活ガイド２０２０（日本語版）』日本学生支援機構、２０１９年
一般社団法人留学生支援ネットワーク「留学生のための就職活動HANDBOOK」https://issn.or.jp/pdf/shushokushien.pdf

上座どっち？

第《だい》5章《しょう》　志望《しぼう》企業《きぎょう》を絞《しぼ》り込《こ》む

1　就職《しゅうしょく》活動《かつどう》全体《ぜんたい》の流《なが》れ

日本《にほん》の就職《しゅうしょく》活動《かつどう》は、さまざまな面《めん》で他国《たこく》と違《ちが》う部分《ぶぶん》があり、少《すこ》し複雑《ふくざつ》で、特殊《とくしゅ》であるとも言《い》われています。就職《しゅうしょく》活動《かつどう》を始《はじ》める前《まえ》に全体《ぜんたい》の流《なが》れを知《し》る必要《ひつよう》があります。

まずは、どうやって日本《にほん》の就職《しゅうしょく》活動《かつどう》の全体《ぜんたい》の流《なが》れが決《き》められているのかを見《み》ていきましょう。

日本《にほん》では、企業《きぎょう》と就職《しゅうしょく》活動《かつどう》をする人《ひと》のために、就職《しゅうしょく》活動《かつどう》の流《なが》れや規則《きそく》がある程度《ていど》存在《そんざい》しています。これは、いわゆる「就活《しゅうかつ》ルール」と呼《よ》ばれているものです。

現在《げんざい》、この「就活《しゅうかつ》ルール」を決《き》めているのが、一般社団法人《いっぱんしゃだんほうじん》日本経済団体連合会《にほんけいざいだんたいれんごうかい》（経《けい》団連《だんれん》）という組織《そしき》です。２０２０年現在《ねんげんざい》は、経団連《けいだんれん》に加盟《かめい》している企業《きぎょう》を中心《ちゅうしん》に、現行《げんこう》の「就活《しゅうかつ》ルール」による就職《しゅうしょく》活動《かつどう》が行《おこな》われています。そのため、就職《しゅうしょく》活動《かつどう》には、大体《だいたい》の共《きょう》通《つう》の流《なが》れや決《き》まりがあるのです。

たとえば、企業説明会《きぎょうせつめいかい》は3月《がつ》から、面接《めんせつ》の開始時期《かいしじき》は6月《がつ》からといったものです。

ただ、2021年春入社以降《ねんはるにゅうしゃいこう》の就職活動《しゅうしょくかつどう》については、現行《げんこう》の経団連《けいだんれん》の「就活《しゅうかつ》ルール」をベースに政府《せいふ》が中心《ちゅうしん》になって考《かんが》えていく「就活《しゅうかつ》ルール」を使《つか》っていくことが決《き》まっているため、現行《げんこう》の「就活《しゅうかつ》ルール」は、今後少《こんごすこ》しずつ変化《へんか》していく可能性《かのうせい》があることも覚《おぼ》えておきましょう。

それでは、現行《げんこう》の「就活《しゅうかつ》ルール」による企業《きぎょう》の予想《よそう》される動《うご》きを見《み》てみましょう。

大学《だいがく》3年生《ねんせい》6月《がつ》〜2月《がつ》　インターンシップの受付《うけつけ》と実施《じっし》
大学《だいがく》3年生《ねんせい》3月《がつ》〜　採用情報公開《さいようじょうほうこうかい》
（プレ）エントリーの受付開始《うけつけかいし》
会社説明会《かいしゃせつめいかい》などの開始《かいし》
大学《だいがく》4年生《ねんせい》6月《がつ》〜　筆記試験《ひっきしけん》や面接《めんせつ》の開始《かいし》
内々定《ないないてい》を出《だ》す
大学《だいがく》4年生《ねんせい》10月《がつ》〜　内定《ないてい》を出《だ》す

もちろんこの動《うご》きと違《ちが》う場合《ばあい》もありますので、皆《みな》さんが興味《きょうみ》のある業界《ぎょうかい》や企業《きぎょう》については、早《はや》いうちから情報《じょうほう》を集《あつ》めておきましょう。

次《つぎ》に、皆《みな》さんはどのように就職活動《しゅうしょくかつどう》をしていくのでしょうか。ここでは、4年制大学《ねんせいだいがく》に在学《ざいがく》している学生《がくせい》の例《れい》で見《み》ていきますが、あなたが大学生《だいがくせい》でない場合《ばあい》、在籍《ざいせき》している機関《きかん》での卒業《そつぎょう》・修了前年時《しゅうりょうぜんねんじ》をイメージしてみてください。

大学《だいがく》3年生《ねんせい》4月《がつ》〜2月《がつ》　就職活動《しゅうしょくかつどう》の準備《じゅんび》
インターンシップに参加《さんか》
大学《だいがく》3年生《ねんせい》3月《がつ》〜　会社説明会《かいしゃせつめいかい》に参加《さんか》
（プレ）エントリーを行《おこな》う
企業《きぎょう》の筆記試験《ひっきしけん》や面接《めんせつ》を受《う》ける
大学《だいがく》4年生《ねんせい》6月《がつ》〜　内々定《ないないてい》をもらう
大学《だいがく》4年生《ねんせい》10月《がつ》〜　内定《ないてい》をもらう
在留資格変更準備《ざいりゅうしかくへんこうじゅんび》および変更《へんこう》

大学《だいがく》4年生《ねんせい》3月《がつ》　大学《だいがく》を卒業《そつぎょう》

大学《だいがく》3年生《ねんせい》の間《あいだ》が就職活動《しゅうしょくかつどう》の本格的《ほんかくてき》な準備期間《じゅんびきかん》で、大学《だいがく》4年生《ねんせい》になったら説明会《せつめいかい》に参《さん》加《か》したり、筆記試験《ひっきしけん》や面接《めんせつ》を受《う》けたりして、内定《ないてい》をもらうために実際《じっさい》に活動《かつどう》する期間《きかん》とイメージしてみてください。日本《にほん》では社会《しゃかい》や業界《ぎょうかい》、企業《きぎょう》の動《うご》きや仕組《しく》みを見《み》て、学生自身《がくせいじしん》がそれらに合《あ》わせて就職活動《しゅうしょくかつどう》を行《おこな》っていきます。日本《にほん》で自分《じぶん》のペースで就職活動《しゅうしょくかつどう》を行《おこな》うのは、皆《みな》さんが思《おも》うよりもずっと難《むずか》しいかもしれません。

日本《にほん》ではなぜ社会《しゃかい》の動《うご》きや流《なが》れに合《あ》わせて就職活動《しゅうしょくかつどう》を行《おこな》うのでしょうか。これには「新卒一括採用方式《しんそついっかつさいようほうしき》」というものが関係《かんけい》しています。

これは、卒業予定《そつぎょうよてい》の学生《がくせい》を年度《ねんど》ごとにまとめて選考及《せんこうおよ》び採用《さいよう》をする日本特有《にほんとくゆう》の方式《ほうしき》です。日本《にほん》の教育機関《きょういくきかん》や企業《きぎょう》は、年度《ねんど》を4月1日《がつついたち》から翌年《よくねん》3月《がつ》31日《にち》に設定《せってい》していることがほとんどです。そのため、一般的《いっぱんてき》な学校《がっこう》などでは4月《がつ》に入学式《にゅうがくしき》があり3月《がつ》に卒業式《そつぎょうしき》という流《なが》れになります。現行《げんこう》の「就活《しゅうかつ》ルール」や「新卒一括採用方式《しんそついっかつさいようほうしき》」は、その流《なが》れに合《あ》わせて考《かんが》えられているのです。

他《ほか》の国《くに》のように企業《きぎょう》が年間《ねんかん》を通《とお》して選考《せんこう》や採用《さいよう》などを行《おこな》う方式《ほうしき》は少《すく》なく、日本《にほん》では基本《きほん》的《てき》に大《おお》きな採用《さいよう》のタイミングは1年《ねん》に1回《かい》ということになります。そのため、卒業後《そつぎょうご》ではなく在学中《ざいがくちゅう》に就職《しゅうしょく》を決《き》めなければなりません。

株式会社《かぶしきがいしゃ》ディスコが公表《こうひょう》した「外国人留学生《がいこくじんりゅうがくせい》の就職活動状況《しゅうしょくかつどうじょうきょう》」（２０１９年《ねん》8月《がつ》）の調査結果《ちょうさけっか》によると、日本《にほん》の就職活動《しゅうしょくかつどう》の難《むずか》しさについて、「とても厳《きび》しい」および「やや厳《きび》しい」と答《こた》えた留学生《りゅうがくせい》は、合《あ》わせて約《やく》80％となっています。就職活動《しゅうしょくかつどう》が厳《きび》しいと思《おも》う原因《げんいん》の一《ひと》つには、日本語《にほんご》の難《むずか》しさも関係《かんけい》していると考《かんが》えられますが、就職活動《しゅうしょくかつどう》を行《おこな》う前《まえ》に母国《ぼこく》と日本《にほん》の違《ちが》いについてしっかりと確認《かくにん》しておかなければなりません。

ところで、日本人《にほんじん》はどうやって就職活動《しゅうしょくかつどう》を行《おこな》っているのでしょうか。よく言《い》われているのが、「他《ほか》の人《ひと》より早《はや》くから準備《じゅんび》をしておいて、就職活動《しゅうしょくかつどう》を有利《ゆうり》に進《すす》めよう」というものです。また、それは企業《きぎょう》も同《おな》じです。多《おお》くの企業《きぎょう》は、できるだけ早《はや》くから良《よ》い人《ひと》とコンタクトを取《と》って、できるだけ良《よ》い人《ひと》を入社《にゅうしゃ》させたいと考《かんが》えます。

確《たし》かに、大学《だいがく》3年生《ねんせい》の4月《がつ》から就職活動準備《しゅうしょくかつどうじゅんび》を始《はじ》めても良《よ》いのですが、のんびりしている間《あいだ》に他《ほか》の人《ひと》に差《さ》をつけられてしまうかもしれません。また、現行《げんこう》の「就活《しゅうかつ》ルール」

図表5-1　就職活動を開始した時期

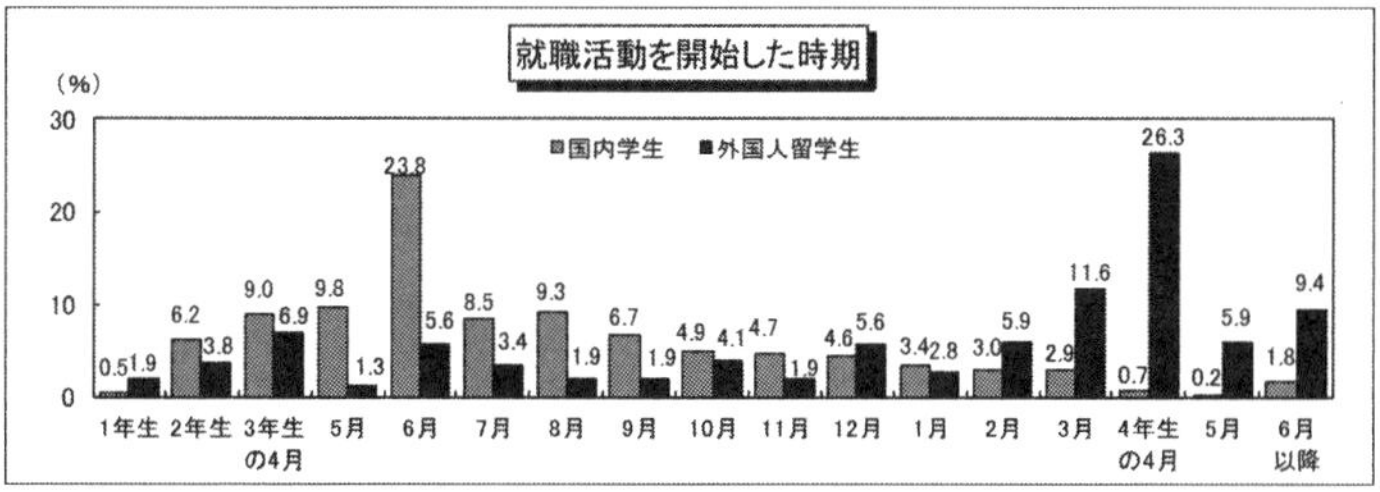

○研究室の同級生に、一緒にインターンシップに行こうと誘ってもらって始めた。＜3年生の12月／中国出身＞
○就活解禁とともに始めました。＜3年生の3月／スウェーデン出身＞
○とりあえず、良い成績を収めるために学業の方に集中した。＜4年生の4月／韓国出身＞
○母国に帰って就職するか、日本で就職するかについて迷っていました。＜4年生の5月／中国出身＞

（出所）株式会社ディスコ「外国人留学生の就職活動状況」（2019年8月）

は法律《ほうりつ》ではありませんので、「就活《しゅうかつ》ルール」と違《ちが》うスケジュールで動《うご》いている業界《ぎょうかい》・企業《きぎょう》もあるのです。それではいつから就職活動《しゅうしょくかつどう》を始《はじ》めれば良《よ》いのでしょうか。

図表《ずひょう》5―1によると、2年生時《ねんせいじ》から始《はじ》める人《ひと》も目《め》立《だ》つものの、国内学生《こくないがくせい》も外国人留学生《がいこくじんりゅうがくせい》も、大学《だいがく》3年生《ねんせい》の4月《がつ》に一度《いちど》就職活動《しゅうしょくかつどう》を始《はじ》める人《ひと》が多《おお》そうです。国内学生《こくないがくせい》は大学《だいがく》3年生《ねんせい》の6月《がつ》がピークで、驚《おどろ》くことに4年生《ねんせい》の4月頃《がつごろ》にはわずか0・7%になっています。

一方《いっぽう》、外国人留学生《がいこくじんりゅうがくせい》は3年生《ねんせい》の2月《がつ》から3月《がつ》にかけて一気《いっき》に数値《すうち》が上《あ》がり、4年生《ねんせい》の4月《がつ》に最《もっと》も数《すう》値《ち》が高《たか》くなっています。6月以降《がついこう》の数値《すうち》もなかなかのものです。ここからわかることは、国内学生《こくないがくせい》に比《くら》べると外国人留学生《がいこくじんりゅうがくせい》の就職活動《しゅうしょくかつどう》のスタート時期《じき》はかなり遅《おそ》いということです。多《おお》くの国《こく》内学生《ないがくせい》が就職活動《しゅうしょくかつどう》の準備《じゅんび》を終《お》えている時期《じき》に、留学生《りゅうがくせい》が準備《じゅんび》を始《はじ》めているように見《み》えます。やはり早《はや》いうちから準備《じゅんび》を始《はじ》めることが日本《にほん》の就職活動《しゅうしょくかつどう》のカギとなりそうです。

とにかくすぐに始《はじ》められることは、自分《じぶん》が興味《きょうみ》のある業界《ぎょうかい》・企業《きぎょう》を調《しら》べることです。その業界《ぎょうかい》や企業《きぎょう》を詳《くわ》しく知《し》ること、そして、その業界《ぎょうかい》の採用《さいよう》スケジュールや流《なが》れも確認《かくにん》しておきたいところです。大学生《だいがくせい》なら、できれば1年生《ねんせい》や2年生《ねんせい》の時《とき》から少《すこ》しずつ、大学院生《だいがくいんせい》や専門学校生《せんもんがっこうせい》なら入学初年度《にゅうがくしょねんど》や進級《しんきゅう》した年《とし》から始《はじ》めていきましょう。さらに、それと並行《へいこう》して自分《じぶん》の長所《ちょうしょ》や短所《たんしょ》を調《しら》べるなどの自己分析《じこぶんせき》も必要《ひつよう》です。どれも簡単《かんたん》に思《おも》えるかもしれませんが、実際《じっさい》に始《はじ》めてみると大変《たいへん》な作業《さぎょう》です。

また、大学《だいがく》3年生《ねんせい》向《む》けの企業《きぎょう》の説明会《せつめいかい》やインターンシップなどが始《はじ》まる時期《じき》については、早《はや》めに情報《じょうほう》を集《あつ》めておきましょう。

就職活動《しゅうしょくかつどう》についての情報《じょうほう》を集《あつ》めることは、思《おも》っているよりも長《なが》い時間《じかん》がかかります。そして、注意《ちゅうい》しておかなければならないのは、説明会《せつめいかい》、セミナー、インターンシップなどは申《もう》し込《こ》みが必要《ひつよう》だったり、応募期間《おうぼきかん》や人数《にんずう》に制限《せいげん》があったりすることが多《おお》いということです。やはり就職活動《しゅうしょくかつどう》の準備《じゅんび》は早《はや》ければ早《はや》い方《ほう》が良《よ》いのです。

2　就職関連情報《しゅうしょくかんれんじょうほう》の収集方法《しゅうしゅうほうほう》

「1　就職活動全体《しゅうしょくかつどうぜんたい》の流《なが》れ」でも触《ふ》れましたが、就職活動《しゅうしょくかつどう》をスムーズに進《すす》めるためにいちばん大切《たいせつ》なことは、とにかく早《はや》く準備《じゅんび》を始《はじ》めるということです。

日本《にほん》の就職活動《しゅうしょくかつどう》は、母国《ぼこく》でのやり方《かた》と大《おお》きく違《ちが》っていたり、難《むずか》しい日本語《にほんご》が増《ふ》えてきたり、大変《たいへん》なことも多《おお》いです。就職活動《しゅうしょくかつどう》は準備《じゅんび》にとても時間《じかん》がかかる上《うえ》に、自分《じぶん》の履歴《りれき》書《しょ》や面接《めんせつ》で話《はな》すことは完璧《かんぺき》にしておかなければなりませんから、早《はや》いうちから準備《じゅんび》をしておかなければならないのです。就職活動《しゅうしょくかつどう》をするには、調《しら》べるべきことがたくさんありますが、簡単《かんたん》に自分《じぶん》の知《し》りたい情報《じょうほう》を得《え》ることはできませんし、すぐに集《あつ》められるわけではありません。

それでは、一体《いったい》どのように就職関連《しゅうしょくかんれん》の情報《じょうほう》を集《あつ》めていけば良《よ》いのでしょうか。

２０１９年《ねん》と２０１８年《ねん》のデータを比《くら》べながら、方法《ほうほう》を考《かんが》えていきましょう。

図表5-2　就職活動の情報源（2019年8月調査結果）

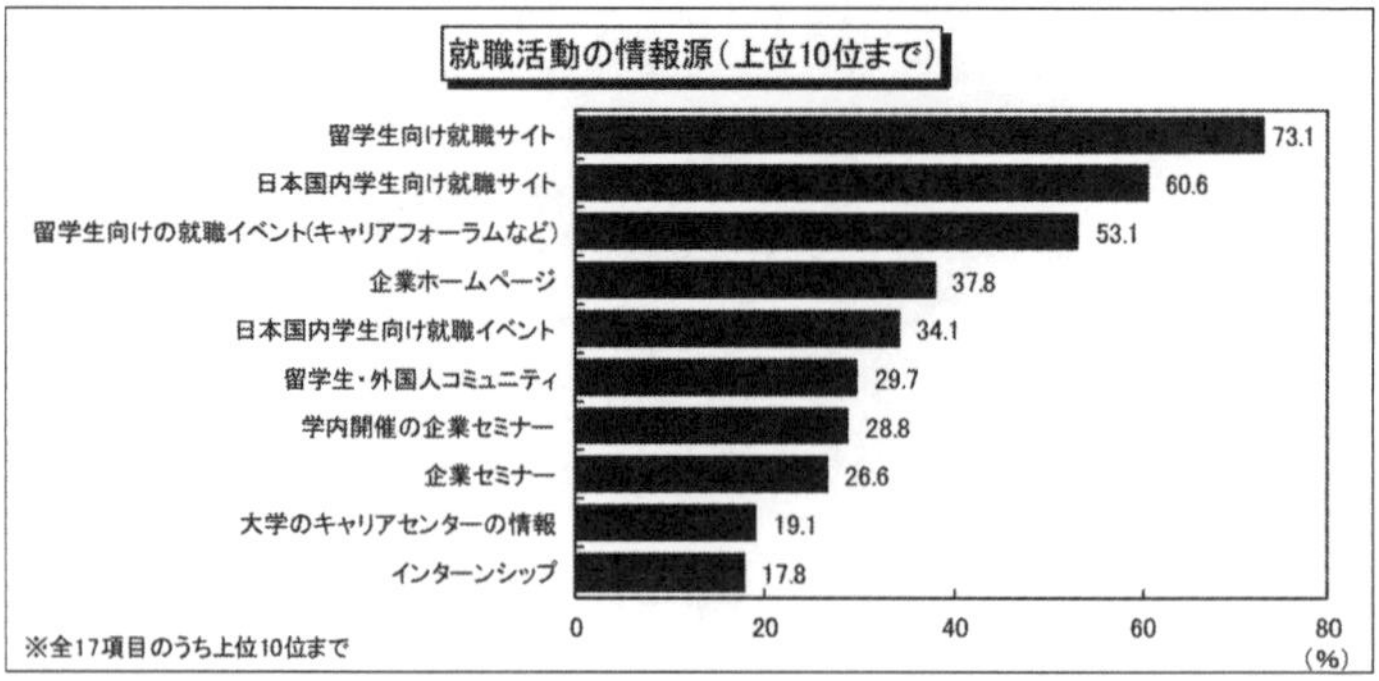

（出所）株式会社ディスコ「外国人留学生の就職活動状況」（2019年8月）

図表《ずひょう》5―2には、就職《しゅうしょく》サイトやホームページとあるように、やはり一般的《いっぱんてき》なのはインターネット上《じょう》から情報《じょうほう》を集《あつ》めていく方法《ほうほう》です。自分《じぶん》が調《しら》べたい情報《じょうほう》をすぐに調《しら》べられるという点《てん》、情報《じょうほう》を幅広《はばひろ》く知《し》ることができるという点《てん》でとても良《よ》いのです。就職課《しゅうしょくか》やキャリアセンター、知《し》り合《あ》いや先輩《せんぱい》に就職活動《しゅうしょくかつどう》の相談《そうだん》や質問《しつもん》に行《い》く前《まえ》に、一通《ひととお》りインターネット上《じょう》から情報《じょうほう》を探《さが》して自分《じぶん》でまとめておくと、スムーズに相談《そうだん》することができます。

ただ、インターネットを利用《りよう》する上《うえ》での注意点《ちゅういてん》としては、インターネット上《じょう》にある情報《じょうほう》は100％正《ただ》しいとは限《かぎ》らないということです。インターネットの情報《じょうほう》＋必《かなら》ず誰《だれ》かに話《はなし》を聞《き》くことが大切《たいせつ》です。

ところで、これまでに何度《なんど》も就職課《しゅうしょくか》やキャリア

図表5-3　就職活動の情報源（2018年8月調査結果）

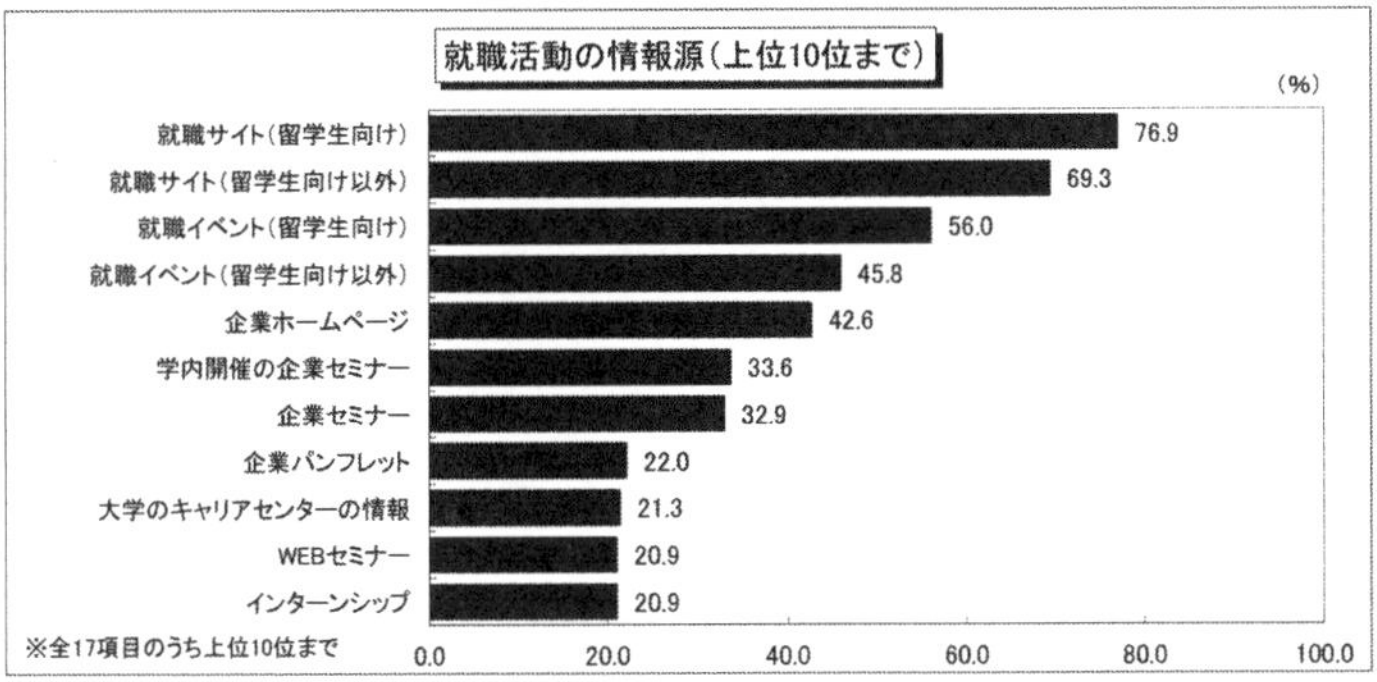

（出所）株式会社ディスコ「外国人留学生の就職活動状況」（2018年8月）

センターという言葉《ことば》が出《で》てきていますが、就職《しゅうしょく》関《かん》連情報《れんじょうほう》を集《あつ》める時《とき》には、身近《みぢか》な場所《ばしょ》でしょう。皆《みな》さんの大学《だいがく》や専門学校《せんもんがっこう》には、多《おお》くの場合《ばあい》、学生《がくせい》の就《しゅう》職《しょく》をサポートしてくれる先生《せんせい》やスタッフがいるはずです。

また、図表《ずひょう》にもありますが、就職《しゅうしょく》課《か》やキャリアセンターによって、就職《しゅうしょく》に役立《やくだ》つ学内開催《がくないかいさい》のセミナーが開《ひら》かれることも多《おお》いです。ぜひ積極的《せっきょくてき》に就《しゅう》職《しょく》課《か》やキャリアセンターに行《い》くことをおすすめします。

また、知《し》り合《あ》いや先輩《せんぱい》、アルバイト先《さき》からも就《しゅう》職《しょく》関連《かんれん》の話《はなし》が得《え》られるかもしれません。皆《みな》さんは、知《し》り合《あ》いを通《つう》じて就職《しゅうしょく》が決《き》まった人《ひと》や、就職関連《しゅうしょくかんれん》の話《はなし》をもらった人《ひと》がいるという話《はなし》を聞《き》いたことがあると思《おも》います。**図表《ずひょう》5―3**にはありませんが、**図表《ずひょう》5―2**では留学生《りゅうがくせい》・外国人《がいこくじん》コミュニティという項目《こうもく》が6位《い》に現《あらわ》れていることに気《き》が付《つ》いたでしょうか。これには、日本政府《にほんせいふ》が外国人材《がいこくじんざい》の受《う》け入《い》れをさらに強化《きょうか》していることや、2019年《ねん》4月《がつ》より新《あたら》しい在留資格《ざいりゅうしかく》「特定技能《とくていぎのう》」が新設《しんせつ》された影響《えいきょう》もあるかもしれません。良《よ》い情報《じょうほう》は思《おも》わぬところから入《はい》ってきます。普段《ふだん》の生活《せいかつ》の中《なか》で出会《であ》った人《ひと》とのつながりは、日本《にほん》で生活《せいかつ》するためにはとても大切《たいせつ》なものです。

そして、最後《さいご》に外国人雇用《がいこくじんこよう》サービスセンターを紹介《しょうかい》します。ここは外国人《がいこくじん》向《む》け就職関連《しゅうしょくかんれん》の情報提供《じょうほうていきょう》や職業相談《しょくぎょうそうだん》が受《う》けられる機関《きかん》で、日本《にほん》で就職《しゅうしょく》を目指《めざ》す多《おお》くの外国人《がいこくじん》にとっては有名《ゆうめい》なものです。皆《みな》さんの周《まわ》りでも外国人雇用《がいこくじんこよう》サービスセンターを利用《りよう》している人《ひと》は多《おお》いのではないかと思《おも》います。

たとえば、東京《とうきょう》の新宿《しんじゅく》にある東京外国人雇用《とうきょうがいこくじんこよう》サービスセンターでは、職業相談《しょくぎょうそうだん》や職業紹介《しょくぎょうしょうかい》をはじめ、就職面接会《しゅうしょくめんせつかい》・インターンシップ・セミナーの実施《じっし》、さらに、在留資格《ざいりゅうしかく》に関《かん》する相談《そうだん》などさまざまなサービスが提供《ていきょう》されています。外国人雇用《がいこくじんこよう》サービスセンターは東京《とうきょう》の他《ほか》、名古屋《なごや》と大阪《おおさか》にあります。

3　インターンシップ

さて、ここからはインターンシップについての紹介《しょうかい》です。インターンシップとは、企《き》業《ぎょう》で短期間《たんきかん》、実際《じっさい》に働《はたら》く体験《たいけん》ができる制度《せいど》ですが、インターンシップに参加《さんか》することは、日本《にほん》で就職《しゅうしょく》する上《うえ》で、ますます重要《じゅうよう》なものとなってきています。インターンシップは自分《じぶん》をアピールできる最大《さいだい》のチャンスの場《ば》です。企業《きぎょう》としても、インターンシップ中《ちゅう》に良《よ》い人《ひと》を見《み》つけたいと思《おも》っていることは間違《まちが》いないでしょう。また、3年生《ねんせい》だけではなく、学年《がくねん》を問《と》わずインターンを募集《ぼしゅう》している企業《きぎょう》や、お金《かね》をもらいながら実際《じっさい》に企業《きぎょう》で働《はたら》くことができるインターンシップ制度《せいど》を導入《どうにゅう》している企業《きぎょう》も増《ふ》えてきています。

業界《ぎょうかい》や企業《きぎょう》にもよりますが、インターンシップは、夏休《なつやす》みや冬休《ふゆやす》み、そして春休《はるやす》みなどに行《おこな》われることが一般的《いっぱんてき》です。ただ、外国人《がいこくじん》向《む》けにはさまざまな形《かたち》で実施《じっし》されていることもあるので、先《さき》ほど紹介《しょうかい》した外国人雇用《がいこくじんこよう》サービスセンターで調《しら》べてみるのも良《よ》いでしょう。思《おも》わぬ形《かたち》でインターンシップ情報《じょうほう》が得《え》られるかもしれません。インターンシップを実《じっ》施《し》するか、いつ実施《じっし》するのか、給料《きゅうりょう》を払《はら》うか払《はら》わないかなどについては企業《きぎょう》によって違《ちが》うので、自分《じぶん》の興味《きょうみ》のある企業《きぎょう》がどのようなインターンシップを行《おこな》うのかについては自分《じぶん》で調《しら》べる必要《ひつよう》があります。その他《た》の注意点《ちゅういてん》としては、必《かなら》ずしも全《すべ》ての学年《がくねん》向《む》けに行《おこな》われるわけではないこと、募集《ぼしゅう》の期間《きかん》が決《き》まっていて書類《しょるい》の提出《ていしゅつ》や面接《めんせつ》があるということが挙《あ》げられます。

インターンシップは、業界《ぎょうかい》や企業《きぎょう》によってさまざまなプログラムで実施《じっし》されます。最近《さいきん》ではただ就労体験《しゅうろうたいけん》をするだけでなく、グループで課題《かだい》に取《と》り組《く》むもの、仕事《しごと》の内容《ないよう》ややりがいを体感《たいかん》できるようなもの、レクチャーを受《う》けるものなどたくさんの種類《しゅるい》があります。**いずれのインターンシップに参加《さんか》するとしても、基本的《きほんてき》なマナーを守《まも》り、礼儀正《れいぎただ》しくすることがいちばん大切《たいせつ》です。大学《だいがく》や日本語学校《にほんごがっこう》、専門学校《せんもんがっこう》、さらにはアルバイトでの時間《じかん》をもう一度《いちど》思《おも》い出《だ》してみましょう。時間《じかん》やルールを守《まも》る、挨拶《あいさつ》をきちんとする、元気《げんき》に明《あか》るく何事《なにごと》も積極的《せっきょくてき》に、感謝《かんしゃ》の気持《きも》ちを忘《わす》れないなど基本的《きほんてき》なことが大切《たいせつ》なのです。**

インターンシップの経験《けいけん》は、エントリーシートや履歴書《りれきしょ》、面接《めんせつ》などで大《おお》きなアピールポイントとなるでしょう。（詳《くわ》しくは第《だい》6章《しょう》もご覧《らん》ください）。

最後《さいご》にインターンシップが終了《しゅうりょう》したら、終了《しゅうりょう》した日《ひ》、あるいは次《つぎ》の日《ひ》までに、必《かなら》ずお礼《れい》のメールなどを送《おく》りましょう。インターンシップを通《つう》じてのあなた自身《じしん》の成長《せいちょう》や変化《へんか》、企《き》業《ぎょう》への想《おも》い、忙《いそが》しい中《なか》指導《しどう》をしてもらったことに対《たい》する感謝《かんしゃ》の気持《きも》ちなどを伝《つた》えることが大切《たいせつ》です。インターンシップを始《はじ》めてから終《お》わるまでは、マナーを意識《いしき》することと相手《あいて》への感謝《かんしゃ》の気持《きも》ちが大切《たいせつ》です。この2つができていれば自然《しぜん》と相手《あいて》に良《よ》い印象《いんしょう》を与《あた》えられるはずです。

4　プレエントリーと会社説明会《かいしゃせつめいかい》

業界《ぎょうかい》や企《き》業《ぎょう》研究《けんきゅう》、そして、インターンシップを終《お》え、就職《しゅうしょく》活動《かつどう》の準《じゅん》備《び》も整《ととの》ってきたら、いよいよプレエントリーと会社説明会《かいしゃせつめいかい》です。「1　就職《しゅうしょく》活動《かつどう》全体《ぜんたい》の流《なが》れ」でも少《すこ》し触《ふ》れましたが、一般的《いっぱんてき》には卒業《そつぎょう》前年《ぜんねん》の3月《がつ》からプレエントリーと会社説明会《かいしゃせつめいかい》が始《はじ》まります。会社説明会《かいしゃせつめいかい》はイメージしやすいかもしれませんが、プレエントリーとは何《なに》をすることなのでしょうか。

そもそも、英語《えいご》のＰｒｅ（プレ）とＥｎｔｒｙ（エントリー）が１つになってプレエントリーという言葉《ことば》になっていて、簡単《かんたん》に言《い》うとプレエントリーとは、「あなたの会社《かいしゃ》に興味《きょうみ》があるので、資料《しりょう》や情報《じょうほう》をもらうための申《もう》し込《こ》み手続《てつづ》きをします」ということです。そのためプレエントリーをした会社《かいしゃ》に必《かなら》ず書類《しょるい》を送《おく》る必要《ひつよう》はありませんし、面接《めんせつ》があるということではありません。あなたの会社《かいしゃ》に興味《きょうみ》があるという意思表示《いしひょうじ》と考《かんが》えておきましょう。

また、プレエントリーとは別《べつ》に、エントリーという言葉《ことば》もありますが、こちらはエントリーシートや履歴書《りれきしょ》などを出《だ》して本当《ほんとう》に応募《おうぼ》をすることです。（詳《くわ》しくは第《だい》６章《しょう》をご覧《らん》ください）。最近《さいきん》では、プレエントリーとエントリーがまとめてエントリーとして扱《あつか》われているケースもありますが、もともとはプレエントリーとエントリーは別《べつ》のものです。

近年《きんねん》はさまざまな応募《おうぼ》の流《なが》れがありますが、プレエントリー↓会社説明会参加《かいしゃせつめいかいさんか》↓エントリーという流《なが》れの例《れい》を覚《おぼ》えておきましょう。

プレエントリーは必要《ひつよう》ないのではと感《かん》じる人《ひと》もいるかもしれませんが、プレエントリーは就職活動《しゅうしょくかつどう》ではとても大切《たいせつ》なものです。その理由《りゆう》として、「**プレエントリーをしないと、その後《ご》の会社説明会《かいしゃせつめいかい》に参加《さんか》できなかったり、採用試験《さいようしけん》の案内《あんない》を受《う》け取《と》れなかったりするこ**

とがある」からです。会社《かいしゃ》としては、「プレエントリーをしている人《ひと》＝うちの会社《かいしゃ》を受《う》けたい、興味《きょうみ》がある人《ひと》」だと考《かんが》えます。そのため、プレエントリーをしていない人《ひと》に情報《じょうほう》や案内《あんない》を送《おく》らないことは当然《とうぜん》です。

それから、**プレエントリーをする時期《じき》についてですが、就職活動《しゅうしょくかつどう》をする人《ひと》は卒業前年《そつぎょうぜんねん》の3月1日《がつついたち》になったと同時《どうじ》に、興味《きょうみ》のある会社《かいしゃ》にできるだけたくさんプレエントリーをしていくことをおすすめします。**

会社説明会《かいしゃせつめいかい》とその後《ご》のエントリーがプレエントリーとセットになっていることも時々《ときどき》あります。また、会社説明会《かいしゃせつめいかい》の定員《ていいん》や回数《かいすう》が決《き》まっていることも覚《おぼ》えておきましょう。人気《にんき》の業界《ぎょうかい》・企業《きぎょう》ともなると、その傾向《けいこう》はさらに強《つよ》いようです。

プレエントリーのやり方《かた》ですが、就職課《しゅうしょくか》やキャリアセンター、そして、外国人雇用《がいこくじんこよう》サービスセンターへ行《い》き、さまざまな業界《ぎょうかい》・企業《きぎょう》の情報《じょうほう》を得《え》ることが大切《たいせつ》です。その後《ご》、プレエントリーを行《おこな》うのであれば、基本的《きほんてき》には「就職情報《しゅうしょくじょうほう》サイト」から行《おこな》う方法《ほうほう》や企《き》業《ぎょう》のホームページから直接《ちょくせつ》行《おこな》う方法《ほうほう》などが一般的《いっぱんてき》です。クラス担任《たんにん》やゼミの指導教員《しどうきょういん》と話《はな》したり、外国人雇用《がいこくじんこよう》サービスセンターで話《はなし》を聞《き》いたりすることも良《よ》い方法《ほうほう》です。

また、企業《きぎょう》のホームページはともかく、「就職《しゅうしょく》情報《じょうほう》サイト」という言葉《ことば》は聞《き》いたことがないかもしれません。次《つぎ》のようなサイトが、代表的《だいひょうてき》な「就職《しゅうしょく》情報《じょうほう》サイト」です。

マイナビ　https://www.mynavi.jp/
リクナビ　https://www.mynavi.jp/
キャリタス就活《しゅうかつ》　https://job.career-tasu.jp/
あさがくナビ　https://www.gakujo.ne.jp/

就職《しゅうしょく》活動《かつどう》をする人《ひと》の多《おお》くは、「就職《しゅうしょく》情報《じょうほう》サイト」に登録《とうろく》して、さまざまな情報《じょうほう》を集《あつ》めています。プレエントリーをする時《とき》にも、上記《じょうき》のサイトから申《もう》し込《こ》むこともできます。

また、信《しん》じられないような話《はなし》ですが、100ぐらいの企業《きぎょう》にプレエントリーをする人も珍《めずら》しくありません。

そんなプレエントリーですが、プレエントリー後《ご》には、企業《きぎょう》から会社説明会《かいしゃせつめいかい》の情報《じょうほう》が送《おく》られてくるようになります。

プレエントリー後《ご》に案内《あんない》が来《く》る会社説明会《かいしゃせつめいかい》は、企業《きぎょう》が単独《たんどく》で開催《かいさい》する会社説明会《かいしゃせつめいかい》の可能《かのう》性《せい》が高《たか》いです。そして、先《さき》ほども触《ふ》れましたが、会社説明会《かいしゃせつめいかい》に参加《さんか》した人《ひと》だけがその後《あと》にエントリーできる仕組《しく》みになっている企業《きぎょう》もあります。そのため、自分《じぶん》が興味《きょうみ》のある企《き》業《ぎょう》がどのように選考《せんこう》を行《おこな》うのかについてはしっかりと情報《じょうほう》を得《え》る必要《ひつよう》があります。また、企業《きぎょう》によっては会社説明会《かいしゃせつめいかい》の場《ば》でエントリーや面接《めんせつ》まで行《おこな》われる場合《ばあい》もあります。必要《ひつよう》だと思《おも》われるものや相手《あいて》から指定《してい》されたものなどがあれば準備《じゅんび》をしておきましょう。

会社説明会《かいしゃせつめいかい》では、マナーや挨拶《あいさつ》、言葉遣《ことばづか》い、服装《ふくそう》や身《み》だしなみもチェックされています。くれぐれも失礼《しつれい》のないように心掛《こころが》けましょう。

また、多《おお》くの会社説明会《かいしゃせつめいかい》は予約制《よやくせい》になっていることがほとんどです。予約《よやく》した会社説明《かいしゃせつめい》会《かい》には基本的《きほんてき》に参加《さんか》しましょう。もしも会社説明会《かいしゃせつめいかい》に参加《さんか》できなくなった場合《ばあい》は、会社説《かいしゃせつ》明会当日《めいかいとうじつ》ではなく前日《ぜんじつ》までにメールや電話《でんわ》できちんとした理由《りゆう》を伝《つた》えましょう。ちなみに、メールで欠席理由《けっせきりゆう》を伝《つた》えた場合《ばあい》は、企業《きぎょう》も忙《いそが》しいため返信《へんしん》が来《こ》ない場合《ばあい》もありますが、無《む》断《だん》で欠席《けっせき》することは絶対《ぜったい》にやめましょう。

会社説明会当日《かいしゃせつめいかいとうじつ》、受付《うけつけ》を済《す》ませた後《あと》は、自己《じこ》ＰＲや志望動機《しぼうどうき》などを配布《はいふ》されたシートに記入《きにゅう》します。それらは説明会終了後《せつめいかいしゅうりょうご》に提出《ていしゅつ》するものですので、あらかじめ自己《じこ》PRや志《し》望動機《ぼうどうき》などを書《か》けるように準備《じゅんび》をしておきましょう。会社説明会《かいしゃせつめいかい》では、最後《さいご》に質問《しつもん》の時間《じかん》があるかもしれません。質問《しつもん》をする時《とき》には、大学《だいがく》や専門学校名《せんもんがっこうめい》、自分《じぶん》の名前《なまえ》を明《あか》るく元気《げんき》に言《い》いましょう。質問《しつもん》をすることで自分《じぶん》をアピールするのは大切《たいせつ》です。しかし、給料《きゅうりょう》や残《ざん》業《ぎょう》、長期休暇《ちょうききゅうか》などについての質問《しつもん》は、日本《にほん》ではマイナスになりやすいことも覚《おぼ》えておきましょう。また、数年《すうねん》で母国《ぼこく》に帰《かえ》りたいといったような希望《きぼう》もマイナスの印象《いんしょう》を与《あた》えてしまうかもしれません。会社説明会当日《かいしゃせつめいかいとうじつ》は体調《たいちょう》を整《ととの》えて、遅刻《ちこく》しないように気《き》をつけてください。遅《おそ》くとも会場《かいじょう》には15分《ふん》ほど前《まえ》までに余裕《よゆう》をもって着《つ》くようにしましょう。

【参考文献】

久保田学『留学生のための就職内定ワークブック』日本能率協会マネジメントセンター、２０１８年

日本学生支援機構『外国人留学生のための就活ガイド２０２０（日本語版）』日本学生支援機構、２０１９年

株式会社ディスコ「キャリタス就活２０００」https://job.career-tasu.jp/2020/top/
一般社団法人留学生支援ネットワーク「留学生のための就職活動HANDBOOK」
https://issn.or.jp/pdf/shushokushien.pdf
株式会社futurelabo「インターンシップガイド」
https://internshipguide.jp/columns/view/shukatsu_sched_1
ポート株式会社「キャリアパーク就活」https://careerpark.jp/32418

よし!!
15分前着。

第《だい》6章《しょう》　エントリーシートを書《か》く

1　徹底《てってい》した自己《じこ》分析《ぶんせき》と分析結果《ぶんせきけっか》の整理《せいり》

採用試験《さいようしけん》の本番《ほんばん》（筆記試験《ひっきしけん》や面接試験《めんせつしけん》）に進《すす》むには、エントリーシートによる書類選考《しょるいせんこう》に合格《ごうかく》しなければなりません。本章《ほんしょう》では、留学生《りゅうがくせい》がどのようにエントリーシートを書《か》けば自《じ》分《ぶん》を企業《きぎょう》にアピールできるかをイメージしていただきます。

第《だい》4章《しょう》で明《あき》らかにした通《とお》り、自分《じぶん》の「売《う》り」（＝アピールポイント）を探《さが》すために行《おこな》うのが自己分析《じこぶんせき》です。しかし、自分《じぶん》のプラス面《めん》だけでなく、マイナス面《めん》を知《し》るためでもあります。

自分《じぶん》のマイナス面《めん》に目《め》を向《む》けていないと、エントリーシートでのアピール内容《ないよう》と実際《じっさい》の印象《いんしょう》が大《おお》きく食《く》い違《ちが》ってしまうことがあるからです。また、マイナス面《めん》をしっかりと把握《はあく》できていると、それをあらかじめカバーし、自分《じぶん》の強《つよ》みに解釈《かいしゃく》し直《なお》してアピールすることもできます。いずれにせよ、**就職活動《しゅうしょくかつどう》を開始《かいし》する時点《じてん》での自分自身《じぶんじしん》を、プラス面《めん》もマイ**

ナス面《めん》も、冷静《れいせい》に客観的《きゃっかんてき》な視点《してん》で確認《かくにん》してみる作業《さぎょう》が必要《ひつよう》です。

まだ十分《じゅうぶん》に自分自身《じぶんじしん》を掘《ほ》り下《さ》げる自己分析《じこぶんせき》ができていない方《かた》は、思《おも》い込《こ》みや決《き》めつけを排除《はいじょ》して、これまで気《き》づかなかった自分《じぶん》を発見《はっけん》するためにも、以下《いか》の方法《ほうほう》をおすすめします。

① 適性検査《てきせいけんさ》を受《う》けてみる方法《ほうほう》

今《いま》はＷＥＢでも簡単《かんたん》に適性検査《てきせいけんさ》を受《う》けることができます。性格分析《せいかくぶんせき》やストレス耐性《たいせい》なども測《はか》れるものがあり、職業《しょくぎょう》に対《たい》しての適性《てきせい》を判断《はんだん》してくれるものもあります。日本語《にほんご》で答《こた》えるのは苦手《にがて》だという方《かた》は、学校《がっこう》の就職課《しゅうしょくか》やキャリアセンターなどに相談《そうだん》して、受《う》けやすいものを教《おし》えてもらってください。

② 大切《たいせつ》にしたいことの優先順位《ゆうせんじゅんい》をつけてみる方法《ほうほう》

就職《しゅうしょく》した人《ひと》はみな、何《なん》らかの理由《りゆう》で最終的《さいしゅうてき》に就職先《しゅうしょくさき》を決《き》めています。例《たと》えば、「応対《おうたい》してくれた社員《しゃいん》の印象《いんしょう》がよかった」「会社《かいしゃ》がきれいで清潔《せいけつ》な感《かん》じがした」などです。これから就職活動《しゅうしょくかつどう》をする皆《みな》さんが、自分《じぶん》を知《し》るためのツールとして「Value Card」（日本《にほん》マンパワー社《しゃ》）があります。

「個性《こせい》の発揮《はっき》」「自立性《じりつせい》」「安全性《あんぜんせい》／安心感《あんしんかん》」「報酬《ほうしゅう》と豊《ゆた》かな生活《せいかつ》」「秩序《ちつじょ》／完璧性《かんぺきせい》」「他者《たしゃ》への影響力《えいきょうりょく》」「プライベートな時間《じかん》」「社会的評価《しゃかいてきひょうか》」といった項目《こうもく》が書《か》かれているカードを、自分《じぶん》が仕事《しごと》を選《えら》ぶ時《とき》の優先順位《ゆうせんじゅんい》の高《たか》いものから並《なら》べてみるというものです。意外《いがい》にこれは難《むずか》しく、個人《こじん》ごとに結果《けっか》もばらつきます。あえて理由《りゆう》をつけながら優先順位《ゆうせんじゅんい》を決《き》めていくということで、自分《じぶん》の中《なか》の意外《いがい》な価値観《かちかん》を確認《かくにん》することができます。

③　周《まわ》りの人《ひと》に聞《き》いてみる方法《ほうほう》

家族《かぞく》、先生《せんせい》、先輩《せんぱい》、友人《ゆうじん》など、身近《みぢか》な人《ひと》は自分《じぶん》のことを見《み》て、理解《りかい》してくれています。そんな人《ひと》から自分《じぶん》の長所《ちょうしょ》・短所《たんしょ》を話《はな》してもらうことは有効《ゆうこう》な方法《ほうほう》で、「他己分析《たこぶんせき》」とも呼《よ》ばれます。

効果的《こうかてき》なのは、「性格面《せいかくめん》」と「行動面《こうどうめん》」から、できれば、下記《かき》のような両極端《りょうきょくたん》の選択肢《せんたくし》から、「第三者《だいさんしゃ》から見《み》た自分《じぶん》らしさ」を教《おし》えてもらうと、思《おも》いがけない発見《はっけん》ができます。

できれば、言《い》いにくいこともはっきり言《い》ってもらえる人《ひと》に頼《たの》みましょう。

《性格面《せいかくめん》》
明《あか》るい／暗《くら》い　前向《まえむ》き／後向《うしろむ》き　大雑把《おおざっぱ》／几帳面《きちょうめん》
柔軟《じゅうなん》／頑固《がんこ》　外向的《がいこうてき》／内向的《ないこうてき》　楽観的《らっかんてき》／悲観的《ひかんてき》
冒険派《ぼうけんは》／慎重派《しんちょうは》　割《わ》り切《き》り／執拗《しつよう》　諦《あきら》め／負《ま》けず嫌《きら》い

《行動面《こうどうめん》》
社交的《しゃこうてき》／人見知《ひとみし》り　アウトドア派《は》／インドア派《は》
積極的《せっきょくてき》／消極的《しょうきょくてき》　自分《じぶん》の主張《しゅちょう》を表現《ひょうげん》／聞《き》き役《やく》
新《あたら》しいモノ好《ず》き／気《き》に入《い》ったものへのこだわり
どんどん強気《つよき》で進《すす》む／ひとつひとつ確認《かくにん》しながら進《すす》む

④　昔《むかし》の成績表《せいせきひょう》を見《み》てみる方法《ほうほう》

自分《じぶん》は今何《いまなに》ができるのかと悩《なや》んだ時《とき》に、過去《かこ》の成績表《せいせきひょう》が参考《さんこう》になることがあります。各《かく》**科目《かもく》の成績《せいせき》はともかく、性格欄《せいかくらん》の記載内容《きさいないよう》や先生《せんせい》からのコメントを細《こま》かく見《み》ることによっ**

て、昔《むかし》の自分《じぶん》を振《ふ》り返《かえ》ることができるからです。自分《じぶん》の価値観《かちかん》の意外《いがい》なルーツに気《き》づくことができるかもしれません。

⑤ 昔《むかし》の写真《しゃしん》で笑顔《えがお》のものを探《さが》してみる

画像《がぞう》で振《ふ》り返《かえ》ることで、どんなことに興味《きょうみ》を持《も》ち、何《なに》をすることが楽《たの》しかったのかを思《おも》い出《だ》すことができます。その頃《ころ》の思《おも》いが、今《いま》の自分《じぶん》につながっていることに気《き》づくこともあります。

採用活動《さいようかつどう》の本番《ほんばん》に入《はい》ってしまうと自分《じぶん》を振《ふ》り返《かえ》る時間《じかん》がなくなり、最近《さいきん》の学校生活《がっこうせいかつ》だけで自分《じぶん》の「売《う》り」を考《かんが》えるしかなくなります。でも、もしかしたら小《ちい》さい頃《ころ》から今《いま》につながる部分《ぶぶん》に自分《じぶん》らしさがあるかもしれません。客観的《きゃっかんてき》な視点《してん》から自分《じぶん》を再発見《さいはっけん》しておくことは無駄《むだ》にはならないはずです。

2　エントリーシート作成《さくせい》の鉄則《てっそく》

自己分析《じこぶんせき》や企業《きぎょう》・業界研究《ぎょうかいけんきゅう》の成果《せいか》をエントリーシートに書《か》くことになりますが、作成《さくせい》にあたっては、以下《いか》を守《まも》ってください。

①　すぐにエントリーシートに取《と》りかからない

エントリーシートの様式《ようしき》を取《と》り寄《よ》せたら、いきなり書《か》き始《はじ》める人《ひと》がいますが、おすすめできません。書《か》きたいことがどんどん増《ふ》えて欄《らん》の大《おお》きさが足《た》りなくなったり、書《か》くことが少《すく》なくて余計《よけい》な言葉《ことば》で埋《う》めてしまったりということになるからです。

エントリーシートを書《か》き始《はじ》める前《まえ》にまずやるべきことは、書《か》く材料《ざいりょう》を十分《じゅうぶん》にそろえておくことです。材料《ざいりょう》が十分《じゅうぶん》にあって、書《か》く内容《ないよう》をしぼり込《こ》むのはやさしいですが、少《すく》ない材《ざい》料《りょう》で書《か》いて途中《とちゅう》で追加《ついか》するのは難《むずか》しいことです。最初《さいしょ》に書《か》いた部分《ぶぶん》と追加《ついか》した部分《ぶぶん》がうまくつながらずに困《こま》ることになります。

したがって、自己分析《じこぶんせき》や企業《きぎょう》・業界研究《ぎょうかいけんきゅう》の結果《けっか》の中《なか》から、それぞれの設問《せつもん》に関連《かんれん》する材料《ざいりょう》を抜《ぬ》き出《だ》し、そこからしぼり込《こ》むという方法《ほうほう》に早《はや》めに慣《な》れていただきたいと思《おも》います。また、複数《ふくすう》の業種《ぎょうしゅ》や職種《しょくしゅ》の企業《きぎょう》を受《う》ける人《ひと》は、「特定《とくてい》の業種《ぎょうしゅ》や職種向《しょくしゅむ》けに使《つか》う部分《ぶぶん》」と「どの業種《ぎょうしゅ》・どの職種《しょくしゅ》にも使《つか》える共通部分《きょうつうぶぶん》」を分《わ》けておくことで、その後《ご》の効率性《こうりつせい》がさらに高《たか》まります。

② 面接官《めんせつかん》が食《く》いつきやすいエントリーシートにする

エントリーシートには、「きれいな文章《ぶんしょう》でたくさん書《か》かれているけれど、何《なに》も印象《いんしょう》が残《のこ》らない」ものと、逆《ぎゃく》に「あまり多《おお》くは書《か》いていないけれど、質問《しつもん》したくなるポイントがいくつもある」ケースもあります。もちろん後者《こうしゃ》が良《よ》いに決《き》まっています。

エントリーシートは、面接《めんせつ》での質問《しつもん》を意識《いしき》して、以下《いか》の4点《てん》に気《き》をつけて書《か》きましょう。

a　面接官《めんせつかん》が思《おも》わず質問《しつもん》したくなるような、オリジナリティとセンスを感《かん》じるキーワードを使《つか》いましょう。

気《き》になるキーワードがあって、くわしい説明《せつめい》がないと、思《おも》わず質《しつ》問《もん》したくなってしまうのが面接官《めんせつかん》の心理《しんり》です。

b　**読《よ》みやすい文字《もじ》の大《おお》きさで、適切《てきせつ》な文章量《ぶんしょうりょう》にしぼり込《こ》みましょう。**びっしりと小《ちい》さい文字《もじ》で埋《う》める、枠《わく》をはみ出《だ》す、数行《すうぎょう》しか書《か》かれていないなどはもちろんNGです。

c　**過剰《かじょう》なデコレーションは不要《ふよう》です。**PRポイントを目立《めだ》たせたいという気持《きも》ちからなのでしょうが、太字《ふとじ》、下線《かせん》、色《いろ》マーカーなどで過剰《かじょう》なデコレーションをするケースが多《おお》く見《み》られます。キーワードを大《おお》きくする、太字《ふとじ》にするくらいは良《よ》いと思《おも》いますが、やり過《す》ぎると、「内容《ないよう》で勝負《しょうぶ》できないのでは？」とかえって逆効果《ぎゃくこうか》になります。

d　面接官《めんせつかん》は、今《いま》のあなた、そして将来《しょうらい》のあなたについて知《し》りたいので、**なるべくエントリーシートには直近《ちょっきん》の経験《けいけん》を書《か》きましょう。**大学生《だいがくせい》ならば、高校時代《こうこうじだい》よりも大学時代《だいがくじだい》のことを優先《ゆうせん》することになります。さもないと、最近《さいきん》は努力《どりょく》したことが何《なに》もないように誤解《ごかい》されてしまいます。

③　根拠《こんきょ》となる事実《じじつ》で説得力《せっとくりょく》を高《たか》める

自分《じぶん》の「売《う》り」を企業《きぎょう》に印象《いんしょう》付《づ》けるために、**「実際《じっさい》にやってきた事実《じじつ》」を中心《ちゅうしん》にして、過去《かこ》（どんなふうに取《と》り組《く》んでどんな結果《けっか》だったか）と現在《げんざい》（今《いま》その経験《けいけん》をどのように生《い》かしてい**

るか）と将来《しょうらい》（入社後《にゅうしゃご》はこんなふうに役《やく》に立《た》つと思《おも》う）を短《みじか》く簡潔《かんけつ》に語《かた》れる「ストーリー」を組《く》み立《た》てましょう。

④　入社者《にゅうしゃ》すれば役《やく》に立《た》ちそうだという印象《いんしょう》を生《う》み出《だ》す

どんな設問《せつもん》にも、**「我《わ》が社《しゃ》が採用《さいよう》すれば、役《やく》に立《た》つかもしれない」というイメージが感《かん》じられるような回答《かいとう》を作成《さくせい》してください。**ただ「成功《せいこう》した、能力《のうりょく》がある」という話《はなし》をされても、仕事《しごと》で貢献《こうけん》してもらえるイメージが湧《わ》きませんので、その企業《きぎょう》で役《やく》に立《た》つ情景《じょうけい》が浮《う》かぶような回答《かいとう》が良《よ》いわけです。しかし、「貴社《きしゃ》では～で役《やく》に立《た》つと思《おも》います」と直接的《ちょくせつてき》に語《かた》るよりも、「〝自分《じぶん》らしさ〟を仕事《しごと》の中《なか》でどう生《い》かしたいかという具体的《ぐたいてき》なイメージ」が相手《あいて》に伝《つた》わるのが良《よ》いやり方《かた》です。

3　自己《じこ》ＰＲのブラッシュアップ

エントリーシートの設問《せつもん》は、企業《きぎょう》によってさまざまですが、「自己《じこ》ＰＲ」がしっかりと書《か》けていれば、それ以外《いがい》の設問《せつもん》にも対応《たいおう》できます。そこで、「自己《じこ》PR」をどう磨《みが》き上《あ》げれば、読《よ》み手《て》の心《こころ》により響《ひび》く文章《ぶんしょう》になるのかをアドバイスします。

① 自己《じこ》PRの組《く》み立《た》て

自己《じこ》PRは、言《い》いたいことが面接官《めんせつかん》にわかりやすく、かつ質問《しつもん》しやすいようにするために、以下《いか》のような流《なが》れで書《か》くと良《よ》いでしょう。

i PR内容《ないよう》：自分《じぶん》はこんな特性《とくせい》を持《も》った人間《にんげん》です。
ii 実体験《じったいけん》：以前《いぜん》こんなことがあり、こんな経験《けいけん》をしました。
iii 行動内容《こうどうないよう》：自分《じぶん》の特性《とくせい》を生《い》かして、このようなやり方《かた》をしてみました。
iv 反省点《はんせいてん》・改善点《かいぜんてん》：この結果《けっか》を踏《ふ》まえて、こんなことを学《まな》びました。
v 将来像《しょうらいぞう》：この体験《たいけん》を生《い》かして、今後《こんご》このようにしたいと考《かんが》えています。
vi 企業《きぎょう》での貢献《こうけん》：貴社《きしゃ》においてこんなことが実現《じつげん》できそうです。なぜかというと～だからです。

という感《かん》じでエントリーシートが順序良《じゅんじょよ》く記載《きさい》されていると、非常《ひじょう》に読《よ》みやすく、わかりやすく、質問《しつもん》もしやすくなります。

ここで最《もっと》も大事《だいじ》なのは、ⅰの自分自身《じぶんじしん》の深掘《ふかぼ》りがしっかりできているか、ⅱとⅲの説明《せつめい》に信頼性《しんらいせい》があるかです。ⅳとⅴは定番《ていばん》の流《なが》れですが、ⅵにつなげるために重要《じゅうよう》な部分《ぶぶん》です。ⅵは企業《きぎょう》によって変《か》わりますから、ⅳとⅴによって、ⅰ〜ⅲとⅵをうまく橋渡《はしわた》しができないと、全体《ぜんたい》の整合性《せいごうせい》が崩《くず》れてしまいます。

上記《じょうき》のⅰ〜ⅴの流《なが》れをうまく作《つく》れるような具体的《ぐたいてき》な実体験《じったいけん》をいくつか用意《ようい》しておいてください。

② ポジティブで具体的《ぐたいてき》な表現《ひょうげん》

あなたのPRポイントとして、「好奇心《こうきしん》が旺盛《おうせい》」という点《てん》があるとします。そして、「新製品《しんせいひん》は何《なん》でも一度手《いちどて》にしてみないと気《き》が済《す》まないです」のような根拠《こんきょ》をあげるとしましょう。

実《じつ》はこの「好奇心《こうきしん》が旺盛《おうせい》」というのは、けっこうリスクが大《おお》きい表現《ひょうげん》です。「何《なに》にでも関心《かんしん》を持《も》ち、常《つね》にアンテナを張《は》っている」とプラスに受《う》け取《と》られる可能性《かのうせい》もありますが、その逆《ぎゃく》に「新《あたら》しいモノ好《す》きだが、飽《あ》きっぽい」というマイナスのイメージもあるからです。**自己《じこ》PRを作成《さくせい》するにあたっては、そのような「プラスマイナス、どちらのニュアンスも含《ふく》むフレーズ」が案外多《あんがいおお》いことを知《し》っておくべきです。**

企業《きぎょう》が欲《ほ》しい好奇心《こうきしん》が旺盛《おうせい》な人材《じんざい》とは、「新《あたら》しいモノだけでなく、どんなことにも関心《かんしん》を持《も》ち、既《すで》にある製品《せいひん》にも新《あたら》しい感性《かんせい》で改善《かいぜん》に取《と》り組《く》む姿勢《しせい》があり、一方《いっぽう》で新《あたら》しい製品《せいひん》情報《じょうほう》にも常《つね》にアンテナを張《は》っていて、キャッチアップが早《はや》く、新《あたら》しい提案《ていあん》と実践《じっせん》ができる人材《じんざい》」というようなポジティブで具体的《ぐたいてき》なイメージです。企業《きぎょう》には一見《いっけん》、地味《じみ》でも大《たい》切《せつ》な仕事《しごと》がありますので、「好奇心《こうきしん》が旺盛《おうせい》なので、どんな仕事《しごと》でも自分《じぶん》なりの発見《はっけん》ができ、楽《たの》しめると思《おも》います」と言《い》い切《き》った方《ほう》が印象《いんしょう》はよいでしょう。

このように「もっと表現《ひょうげん》を工夫《くふう》した方《ほう》がよいフレーズ」はまだまだたくさんあります。面接《めんせつ》でよく聞《き》くフレーズとしては、たとえば「こだわりが強《つよ》い」です。融通《ゆうずう》がきかないとか、時間《じかん》がかかるというイメージを持《も》たれたら困《こま》りますよね。そこで、よりポジティブで具体的《ぐたいてき》なイメージを持《も》たせるためには、「自分《じぶん》が納得《なっとく》できる結果《けっか》が出《で》るまでは努力《どりょく》を惜《お》しまない性格《せいかく》です」「不明《ふめい》な点《てん》が残《のこ》らないように、最後《さいご》まで調《しら》べ尽《つ》くします」などと表現《ひょうげん》すべきと思《おも》います。

「社交的《しゃこうてき》な性格《せいかく》」も、発言内容《はつげんないよう》が薄《うす》いと「ただ軽《かる》いだけ」と思《おも》われるリスクがあります。

そこで、「どんな場所《ばしょ》でどんな人《ひと》と出会《であ》っても、自分《じぶん》から積極的《せっきょくてき》に話《はな》しかけることができる度胸《どきょう》はあります」「新《あたら》しく人脈《じんみゃく》を作《つく》ることが楽《たの》しみです」などと言《い》い換《か》えれば、あなたが言《い》いたいことがうまく伝《つた》わるはずです。

このように、実際《じっさい》にエントリーシートに書《か》く前《まえ》に、一度自分《いちどじぶん》で書《か》いた自己《じこ》ＰＲの文章《ぶんしょう》を、上記《じょうき》の修正例《しゅうせいれい》を参考《さんこう》に見直《みなお》してみたらいかがでしょうか。できるだけ意地悪《いじわる》な視点《してん》で読《よ》んでみて、伝《つた》えたいことが自分《じぶん》の思《おも》う通《とお》りのニュアンスで相手《あいて》に伝《つた》わるかどうかを真剣《しんけん》に吟味《ぎんみ》してみましょう。

③　ありがちな内容《ないよう》

自己《じこ》ＰＲには、下記《かき》のような内容《ないよう》が非常《ひじょう》に多《おお》いため、面接官《めんせつかん》は飽《あ》き飽《あ》きしています。

「コピーアンドペースト」かと思《おも》うくらい内容《ないよう》が同《おな》じものがよくあるのです。

「飲食店《いんしょくてん》でアルバイトしていました」

⇓「こんな役割《やくわり》を任《まか》されました」
⇓「こんな経験《けいけん》をしてうれしかったです」
⇓「お客様《きゃくさま》に直接接《ちょくせつせっ》する業務《ぎょうむ》で生《い》かしたいと思《おも》います」
「飲食店《いんしょくてん》でアルバイトしていました」
⇓「こんな失敗《しっぱい》をしました」
⇓「こんなことを学《まな》びました」
⇓「今後《こんご》はこんなふうに生《い》かしたいと考《かんが》えています」

この「飲食店《いんしょくてん》のアルバイト」のところを「サークル活動《かつどう》」「体育系部活動《たいいくけいぶかつどう》」に入《い》れ替《か》えても同《おな》じです。面接官《めんせつかん》は上記《じょうき》のようなパターンはかなり見飽《みあ》きています。

このような内容《ないよう》でエントリーシートを書《か》こうとしていた人《ひと》は、よほどその経験自体《けいけんじたい》が大《おお》きな変化《へんか》を生《う》んだか、従来《じゅうらい》のやり方《かた》から大《おお》きく改革《かいかく》された事実《じじつ》をPRできる表現《ひょうげん》にした方《ほう》がよいです。もしもそのような具体的《ぐたいてき》な経験《けいけん》がなければ、「他《ほか》の具体的《ぐたいてき》な事例《じれい》がないか」を考《かんが》えた方《ほう》がよいでしょう。また「大《おお》きな事例《じれい》ではないが、コツコツとまじめに努力《どりょく》を続《つづ》けている」事例《じれい》でPRしたいという場合《ばあい》も、「なかなか普通《ふつう》ではそこまで頑張《がんば》れない」と・

いうことをきちんと定量的《ていりょうてき》に（数字《すうじ》で）示《しめ》せるものを選《えら》んでください。

別《べつ》な事例《じれい》として、学生時代《がくせいじだい》にやったこととして「○○も、△△も、◇◇も私《わたし》がやりました！」と多《おお》くの経験《けいけん》を書《か》き並《なら》べる人《ひと》がいますが、残念《ざんねん》ながら話《はなし》のまとまりがなくなってしまって、「結局《けっきょく》何《なに》が言《い》いたかったの？」と思《おも》われてしまうリスクがあります。むしろ、「数多《かずおお》い経験《けいけん》の中《なか》で、自分《じぶん》なりのベスト3が○○と△△と◇◇です」といったところまで絞《しぼ》り込《こ》まれている方《ほう》が、読《よ》み手《て》の印象《いんしょう》が良《よ》くなることは間違《まちが》いありません。

これが面接《めんせつ》でも、話《はな》す事例《じれい》は2～3つ用意《ようい》できれば十分《じゅうぶん》です。何人《なんにん》かの面接《めんせつ》が終《お》わった後《あと》、面接官同士《めんせつかんどうし》で各対象者《かくたいしょうしゃ》に対《たい》する印象《いんしょう》・評価《ひょうか》をすり合《あ》わせて次《つぎ》のステップに進《すす》む人《ひと》を決《き》めるわけですが、その際《さい》、やはり「○△の件《けん》で頑張《がんば》った○○さん」という形《かたち》で情報《じょうほう》共《きょう》有《ゆう》されますので、「あれもこれもやりました！」よりも「○△を最後《さいご》までやり抜《ぬ》いて最高《さいこう》の結果《けっか》を出《だ》しました」という方《かた》が、記憶《きおく》にも残《のこ》りやすく、評価《ひょうか》も高《たか》くなります。

事例《じれい》をたくさん用意《ようい》するよりも、選《えら》んだ少数《しょうすう》の内容《ないよう》を充実《じゅうじつ》させてください。

④ 専門性《せんもんせい》のアピール

自分《じぶん》の専門性《せんもんせい》を効果的《こうかてき》にＰＲする方法《ほうほう》について説明《せつめい》します。

まず文系《ぶんけい》（事務系《じむけい》）と理系《りけい》（技術系《ぎじゅつけい》）ではずいぶんＰＲ内容《ないよう》は変《か》わりますし、採用《さいよう》する企業側《きぎょうがわ》も、専門性《せんもんせい》を測《はか》る基準《きじゅん》は違《ちが》います。文系《ぶんけい》は、大学《だいがく》で学《まな》んだ専門性《せんもんせい》が就職活動《しゅうしょくかつどう》で生《い》かせるのは「法務《ほうむ》」「知財《ちざい》」「経理《けいり》・財務《ざいむ》」「語学《ごがく》・異文化《いぶんか》」などの特定《とくてい》の分野《ぶんや》で特《とく》に公的《こうてき》資格《しかく》を持《も》っている方《かた》が多《おお》く、専門性《せんもんせい》よりは人物重視《じんぶつじゅうし》の傾向《けいこう》が強《つよ》いようです。文系《ぶんけい》の専門性《せんもんせい》は基準《きじゅん》が示《しめ》しにくいので、苦労《くろう》されると思《おも》います。

そのため本節《ほんせつ》では、特《とく》に明示《めいじ》されていない限《かぎ》りは理系《りけい》を念頭《ねんとう》に記載《きさい》させていただきます。

もちろん、文系《ぶんけい》の専門性《せんもんせい》をＰＲできる方《かた》は以下《いか》の説明内容《せつめいないよう》を参考《さんこう》にしてください。

自分《じぶん》の専門性《せんもんせい》をＰＲする上《うえ》で注意《ちゅうい》すべきは、「難《むずか》しいことをいかにわかりやすく具体的《ぐたいてき》に伝《つた》えられるか」です。

面接官《めんせつかん》が就活生《しゅうかつせい》の専門分野《せんもんぶんや》に詳《くわ》しい人《ひと》とは限《かぎ》りませんので、以下《いか》の４点《てん》に気《き》をつけて説明《せつめい》することが重要《じゅうよう》です。

a なるべく専門用語《せんもんようご》を使《つか》わず、誰《だれ》にでもわかる言葉《ことば》で。

b　具体的《ぐたいてき》なイメージがわかるように。

c　たとえ話《はなし》をうまく使《つか》いながら。

d　シンプル、かつコンパクトに。

自分《じぶん》の専門性《せんもんせい》の広《ひろ》さや深《ふか》さを伝《つた》えたい時《とき》に、人《ひと》はどうしてもたくさんの説明《せつめい》をしてしまいがちです。「どの分野《ぶんや》」で「どんな専門性《せんもんせい》」を身《み》につけ、それが「入社後《にゅうしゃご》にどのように生《い》かされるのか」「専門性《せんもんせい》を活《い》かせばどのようなことができるのか」を、できる限《かぎ》りわかりやすく説明《せつめい》するのは、相当難《そうとうむずか》しいことです。

心構《こころがま》えとしては、「大学《だいがく》のゼミに新人《しんじん》を勧誘《かんゆう》するつもり」で、違《ちが》う分野《ぶんや》の人《ひと》にもわかってもらえるような説明《せつめい》の仕方《しかた》を工夫《くふう》することが大事《だいじ》になります。ＰＲの内容《ないよう》は要点《ようてん》をしぼる方《ほう》がよいでしょう。また、可能《かのう》な範囲《はんい》で説明対象《せつめいたいしょう》の大《おお》きさがわかるような指標《しひょう》、数値《すうち》、事例《じれい》を使《つか》えると効果的《こうかてき》です。

⑤　職歴《しょくれき》がある人《ひと》のアピール

母国《ぼこく》などで働《はたら》いた経験《けいけん》のある人《ひと》は、「できるだけ自分《じぶん》を高《たか》く買《か》って欲《ほ》しい」という意識《いしき》が働《はたら》きますので、「こんなに成果《せいか》を出《だ》しました」「こんなに頑張《がんば》りました」という内容《ないよう》をたくさん並《なら》べてしまうことが多《おお》いようです。その結果《けっか》、あれもこれも書《か》こうとして文字《もじ》が一杯《いっぱい》になり、枠内《わくない》に収《おさ》まらなくなります。

採用面接《さいようめんせつ》をする側《がわ》は「即戦力《そくせんりょく》」が欲《ほ》しいので、「どんな仕事《しごと》をどのように進《すす》めてきたか」という情報《じょうほう》は重要《じゅうよう》です。その人《ひと》が事前《じぜん》に綿密《めんみつ》な計画《けいかく》を立《た》てて慎重《しんちょう》に進《すす》めるタイプなのか、まずはやってみてから軌道修正《きどうしゅうせい》しつつ進《すす》めるタイプなのか、実際《じっさい》の成果《せいか》はどのくらいのもので、その中《なか》で本人《ほんにん》が占《し》めた役割《やくわり》はどれほどのものなのかを知《し》りたいでしょうし、企《き》業《ぎょう》によって「求《もと》める人材像《じんざいぞう》」は異《こと》なります。

とはいえ、それは面接《めんせつ》のやりとりの中《なか》できちんと伝《つた》われば良《よ》いことであって、初《はじ》めから細《こま》かくエントリーシートに書《か》いておく必要《ひつよう》はありません。この点《てん》は、職歴《しょくれき》を持《も》っている方《かた》が陥《おちい》りやすい落《お》とし穴《あな》です。

採用側《さいようがわ》が、何《なに》よりも応募者《おうぼしゃ》から引《ひ》き出《だ》したい情報《じょうほう》は過去《かこ》の話《はなし》ではなく、「入社《にゅうしゃ》したら何《なに》を実現《じつげん》してくれるのか」なのです。

過去《かこ》の職業上《しょくぎょうじょう》の実績《じっせき》を書《か》く際《さい》には、客観的《きゃっかんてき》な事実《じじつ》をもとに、謙虚《けんきょ》な姿勢《しせい》で自分《じぶん》の専門《せんもん》性《せい》やスキル、経験値《けいけんち》を記載《きさい》すべきです。過去《かこ》の実績《じっせき》は実績《じっせき》として「職務経歴書《しょくむけいれきしょ》」に記載《きさい》し、志望動機《しぼうどうき》や自己《じこ》PRを記載《きさい》する書類《しょるい》では「私《わたし》を採用《さいよう》してくれたらこんなによいことがあります（こんなことを実現《じつげん》してみせます）」ということを中心《ちゅうしん》に書《か》きましょう。

【注】本章の執筆にあたっては、『面接突破請負人【M-Trainia】落ちない面接トレーニング』（http://m-trainia.net/）の管理人である髭人爺（ひげじんじ）氏から多くのアドバイスをいただくとともに、上記ブログからの参照・引用をお許しいただきました。ここに記し、同氏への御礼とさせていただきます。　※髭人爺氏プロフィール　上場企業の人事総務関連部署で32年の実務経験あり（高卒採用・大卒採用・中間採用の豊富な経験を含む）。管理職として17年のマネジメント経験あり。

第《だい》7章《しょう》　採《さい》用《よう》試《し》験《けん》本《ほん》番《ばん》に臨《のぞ》む

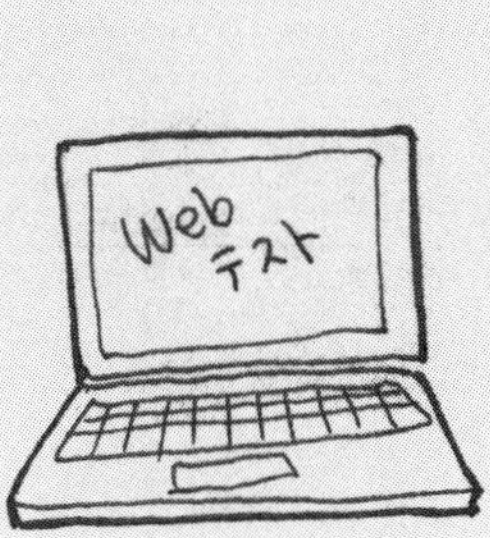

1　筆記試験《ひっきしけん》・ウェブテストの対策方法《たいさくほうほう》

エントリーシートが合格《ごうかく》すると、いよいよ採用試験《さいようしけん》の本番《ほんばん》（筆記試験《ひっきしけん》や面接試験《めんせつしけん》）に入《はい》ります。本章《ほんしょう》では、留学生《りゅうがくせい》がこれらの関門《かんもん》を無事《ぶじ》に通《とお》り抜《ぬ》けるために何《なに》が必要《ひつよう》なのかを考《かんが》えます。

①　筆記試験《ひっきしけん》・ウェブテストの概要《がいよう》

エントリーシートが合格《ごうかく》したら、多《おお》くの場合《ばあい》、メールで「筆記試験《ひっきしけん》」か「ウェブテスト」の通知《つうち》が送《おく》られてきます。受験形式《じゅけんけいしき》はさまざまで、学生《がくせい》を企業《きぎょう》かテストセンターに呼《よ》んで、紙《かみ》や会場《かいじょう》のパソコンで受験《じゅけん》させる場合《ばあい》と、自宅《じたく》のパソコンで受験《じゅけん》させる場合《ばあい》があります。

筆記試験《ひっきしけん》やウェブテストは、主《おも》に「言語《げんご》（日本語《にほんご》）」「非言語《ひげんご》（数学《すうがく》）」の2分野《ぶんや》に分《わ》けられて出題《しゅつだい》されることが多《おお》く、そこに「性格《せいかく》テスト」が加《くわ》わります。

学生《がくせい》の基礎的《きそてき》な学力《がくりょく》や適性《てきせい》を把握《はあく》し、応募者《おうぼしゃ》をしぼり込《こ》むことを目的《もくてき》に実施《じっし》されます。問題《もんだい》はそれほど難《むずか》しくありませんが、日本語《にほんご》で出題《しゅつだい》されるため、苦戦《くせん》する留学生《りゅうがくせい》も多《おお》いかと思《おも》います。

筆記試験《ひっきしけん》・適性検査《てきせいけんさ》を通過《つうか》しなければ次《つぎ》の選考《せんこう》に進《すす》むことができないので、どのような種類《しゅるい》の試験《しけん》があるのかを知《し》るとともに、しっかりと受験対策《じゅけんたいさく》に取《と》り組《く》んでおきましょう。

② 筆記試験《ひっきしけん》・ウェブテストの受験方法《じゅけんほうほう》と種類《しゅるい》

筆記試験《ひっきしけん》・ウェブテストの受験方法《じゅけんほうほう》は主《おも》に次《つぎ》の4種類《しゅるい》です。

a　テストセンター：専用会場《せんようかいじょう》のパソコンで受験《じゅけん》する方法《ほうほう》
b　インハウスCBT：志望《しぼう》する企業《きぎょう》のPCで受験《じゅけん》する方法《ほうほう》
c　WEBテスティング：学生《がくせい》のPCなどを用《もち》いて、自宅《じたく》などで受験《じゅけん》する方法《ほうほう》
d　ペーパーテスト：志望《しぼう》する企業《きぎょう》で紙《かみ》の回答用紙《かいとうようし》に答《こた》えを書《か》き込《こ》む方法《ほうほう》

筆記試験《ひっきしけん》・ウェブテストの種類《しゅるい》は数《かぞ》え切《き》れませんが、最《もっと》も一般的《いっぱんてき》なものは、次《つぎ》の3種類《しゅるい》

です。

SPI：リクルートキャリア社《しゃ》が作成《さくせい》している筆記試験《ひっきしけん》で、筆記試験《ひっきしけん》の中《なか》で最《もっと》もメジャーなもので、大企業《だいきぎょう》、中小企業《ちゅうしょうきぎょう》を問《と》わずに多《おお》くの企業《きぎょう》に採用《さいよう》されています。

玉手箱《たまてばこ》：大手企業《おおてきぎょう》で広《ひろ》く使《つか》われている「ウェブテスト」で、シェアがダントツです。日《に》本《ほん》ではSHL社《しゃ》が販売《はんばい》しています。自宅受験《じたくじゅけん》が圧倒的《あっとうてき》に多《おお》いです。

GAB：玉手箱《たまてばこ》と同《おな》じくSHL社《しゃ》が販売《はんばい》している「筆記試験《ひっきしけん》」です。自宅受験型《じたくじゅけんがた》がありません。

③ 筆記試験《ひっきしけん》・ウェブテストの受験対策《じゅけんたいさく》

筆記試験《ひっきしけん》・ウェブテストにはさまざまな形式《けいしき》や種類《しゅるい》があり、多《おお》くの企業《きぎょう》は試験《しけん》の種類《しゅるい》や形式《けいしき》を公表《こうひょう》しません。また、日本人学生《にほんじんがくせい》には筆記試験《ひっきしけん》やウェブテストを課《か》しても、留学生《りゅうがくせい》には課《か》さないという企業《きぎょう》も少《すく》なくないようです。そこで、筆記試験《ひっきしけん》やウェブテストが課《か》されるのかどうか、課《か》される場合《ばあい》にはどのような試験《しけん》をするのかは、自分《じぶん》で調《しら》べなくてはなりません。

基本的《きほんてき》な情報源《じょうほうげん》は、「みんなの就職活動《しゅうしょくかつどう》（楽天《らくてん》）」をはじめとする各種就活関連《かくしゅしゅうかつかんれん》サイトや大学《だいがく》のキャリアセンターなどになりますが、できるだけ信頼性《しんらいせい》の高《たか》い情報《じょうほう》を入手《にゅうしゅ》してください。同《おな》じ業界《ぎょうかい》や企業《きぎょう》に就職《しゅうしょく》している先輩《せんぱい》も頼《たよ》りになります。

筆記試験《ひっきしけん》やウェブテストの形式《けいしき》や種類《しゅるい》がわかったら、対策本《たいさくぼん》を買《か》ったり、大学《だいがく》の対策講座《たいさくこうざ》に出《で》たり、ネット上《じょう》で模擬試験《もぎしけん》を受験《じゅけん》してみたりと、とにかくテストに慣《な》れることを心掛《こころが》けてください。傾向《けいこう》や時間配分《じかんはいぶん》がわかるだけでも、かなり心理的《しんりてき》な余裕《よゆう》が生《う》まれますし、もし自分《じぶん》の短所《たんしょ》が見《み》つかれば、そこを強化《きょうか》・補強《ほきょう》することもできます。

2　面接試験《めんせつしけん》の臨《のぞ》み方《かた》

①面接試験当日《めんせつしけんとうじつ》の流《なが》れとマナー

面接当日《めんせつとうじつ》は、次《つぎ》のような流《なが》れで進《すす》みます。

i　面接前《めんせつまえ》

前日《ぜんじつ》までに、面接会場《めんせつかいじょう》や集合時刻《しゅうごうじこく》、持《も》ち物等《ものなど》をチェックし、提出資料《ていしゅつしりょう》の確認《かくにん》もしてください。当日《とうじつ》は絶対《ぜったい》に遅刻《ちこく》をしないよう、たとえ交通手段《こうつうしゅだん》の乱《みだ》れがあっても、代《か》わりのルートで時間前《じかんまえ》には到着《とうちゃく》できるよう、余裕《よゆう》を持《も》って行動《こうどう》してください。もし、遅《おく》れそうな場合《ばあい》には、すぐに採用担当者《さいようたんとうしゃ》に連絡《れんらく》してください。

ii　受付《うけつけ》

まず会社《かいしゃ》に入る前《まえ》に携帯電話《けいたいでんわ》の電源《でんげん》は切《き》ります。受付《うけつけ》で挨拶《あいさつ》をして学校名《がっこうめい》と名前《なまえ》を告《つ》げ、面接《めんせつ》のために訪問《ほうもん》した旨《むね》を伝《つた》えましょう。会社《かいしゃ》に足《あし》を踏《ふ》み入《い》れた瞬間《しゅんかん》から、すでに選考《せんこう》はスタートしています。会社《かいしゃ》の人《ひと》に案内《あんない》してもらったらお礼《れい》を言《い》い、途中《とちゅう》で社員《しゃいん》の方《かた》と会《あ》った際《さい》には、必《かなら》ず会釈《えしゃく》をします。

iii　控《ひか》え室《しつ》

自分《じぶん》の名前《なまえ》が呼《よ》ばれるまで順番《じゅんばん》を待《ま》ちます。応募者同士《おうぼしゃどうし》のおしゃべりや、携帯電話《けいたいでんわ》を見《み》ることがないよう注意《ちゅうい》してください。タバコや化粧直《けしょうなお》しは当然厳禁《とうぜんげんきん》です。姿勢《しせい》を正《ただ》して静《しず》かに自分《じぶん》の順番《じゅんばん》を待《ま》ちましょう。名前《なまえ》を呼《よ》ばれたら、必《かなら》ず「はい」と声《こえ》に出《で》して返事《へんじ》をしましょう。

iv　入室《にゅうしつ》

ドアをノックし、「どうぞ」と声《こえ》がかかったら、ゆっくりドアを開《あ》けます。入室《にゅうしつ》したらドアに向《む》き直《なお》り、静《しず》かにドアを閉《し》めます。ドアを閉《し》めたら、面接官《めんせつかん》に向《む》かって一礼《いちれい》します。椅子《いす》の横《よこ》に立《た》ち、氏名《しめい》を名乗《なの》り、「よろしくお願《ねが》いします」と元気《げんき》よく挨拶《あいさつ》して一礼《いちれい》してください。面接官《めんせつかん》に「どうぞお掛《か》けください」と言《い》われたら、「失礼《しつれい》します」と言《い》って着席《ちゃくせき》します。その際《さい》、カバンは足元《あしもと》に置《お》き、背筋《せすじ》を伸《の》ばして座《すわ》りましょう。

v　面接《めんせつ》

面接官《めんせつかん》の話《はなし》にはあいづちを打《う》つなど、面接官《めんせつかん》が話《はな》しやすいようにします。質問《しつもん》に答《こた》える時《とき》は、目《め》を見《み》てはっきりした口調《くちょう》で答《こた》えることが大事《だいじ》です。集団面接《しゅうだんめんせつ》の場合《ばあい》は、他《ほか》の人《ひと》の話《はなし》もしっかり聞《き》くようにします。表情《ひょうじょう》は、口角《こうかく》を上《あ》げ明《あか》るい表情《ひょうじょう》を保《たも》つように。また、自《じ》分《ぶん》の話《はなし》が終《お》わったからといって気《き》が抜《ぬ》けた表情《ひょうじょう》をしてしまうと印象《いんしょう》はよくありません。髪《かみ》をかき上《あ》げる、指先《ゆびさき》をいじるなどの癖《くせ》がある人《ひと》はしないように注意《ちゅうい》しましょう。

vi 退室《たいしつ》

面接《めんせつ》が終了《しゅうりょう》したら、その場《ば》で座《すわ》ったまま「ありがとうございました」と挨拶《あいさつ》をします。立《た》ち上《あ》がって、もう一度《いちど》面接官《めんせつかん》全員《ぜんいん》に「本日《ほんじつ》はどうもありがとうございました。どうぞよろしくお願《ねが》いします」と言《い》って深々《ふかぶか》と頭《あたま》を下《さ》げ、ドアの所《ところ》まで戻《もど》ります。ドアまで戻《もど》ったらそこで立《た》ち止《ど》まり、もう一度《いちど》面接官《めんせつかん》の方《かた》を見《み》て軽《かる》く一礼《いちれい》します。そして、ドアを開《あ》けて退室《たいしつ》します。

② 面接《めんせつ》試験《しけん》の種類《しゅるい》

面接《めんせつ》試験《しけん》には、「集団《しゅうだん》面接《めんせつ》」「個人《こじん》面接《めんせつ》」「グループディスカッション」「プレゼンテーション型《がた》面接《めんせつ》」などがあります。面接《めんせつ》試験《しけん》に進《すす》むことができた企業《きぎょう》については、可能《かのう》ならば、どのような形式《けいしき》の面接試験《めんせつしけん》が行《おこな》われるかを事前《じぜん》に確認《かくにん》し、その形式《けいしき》に応《おう》じた対策《たいさく》を立《た》てておきましょう。

《集団面接《しゅうだんめんせつ》》

複数《ふくすう》の学生《がくせい》が、一人《ひとり》または複数《ふくすう》の面接官《めんせつかん》と面接《めんせつ》を行《おこな》う形式《けいしき》です。複数《ふくすう》の学生《がくせい》のなかで、自分自身《じぶんじしん》の言葉《ことば》やエピソードで自分《じぶん》らしさをアピールできるか、といった自主性《じしゅせい》や表現力《ひょうげんりょく》、コミュニケーション能力《のうりょく》などがチェックされます。限《かぎ》られた時間《じかん》で十分《じゅうぶん》に自分《じぶん》をアピールできるように訓練《くんれん》しておきましょう。また、他《ほか》の人《ひと》の意見《いけん》をしっかりと聞《き》くことも大切《たいせつ》です。

《個人面接《こじんめんせつ》》

学生一人《がくせいひとり》に対《たい》して、面接担当者《めんせつたんとうしゃ》が一人《ひとり》または複数《ふくすう》で行《おこな》われる形式《けいしき》です。面接官《めんせつかん》は質問《しつもん》の受《う》け答《こた》えを通《とお》して、人柄《ひとがら》や志望度《しぼうど》、能力《のうりょく》や適性《てきせい》などを判断《はんだん》しています。集団面接《しゅうだんめんせつ》よりも掘《ほ》り下《さ》げた質問内容《しつもんないよう》が多《おお》く、さまざまな角度《かくど》から質問《しつもん》されるので、具体的《ぐたいてき》な内容《ないよう》で回答《かいとう》するよう心掛《こころが》けましょう。

《グループディスカッション》

数人《すうにん》のグループで、1つのテーマについて議論《ぎろん》する形式《けいしき》です。集団《しゅうだん》の中《なか》でどのような役割《やくわり》を果《は》たすタイプか、他人《たにん》の意見《いけん》をしっかり理解《りかい》しているか、自分《じぶん》の意見《いけん》を発表《はっぴょう》できているか、全体《ぜんたい》の意見《いけん》をまとめられるか、などが見《み》られます。チームワークを重視《じゅうし》し、議論《ぎろん》を展開《てんかい》させることがポイントです。

《プレゼンテーション型面接《がためんせつ》》

指定《してい》されたテーマと時間内《じかんない》で自分《じぶん》の意見《いけん》や企画《きかく》を面接官《めんせつかん》の前《まえ》で発表《はっぴょう》する形式《けいしき》です。相手《あいて》を納得《なっとく》させるために、自分《じぶん》の意見《いけん》や企画《きかく》について筋道《すじみち》を立《た》てて説明《せつめい》することが求《もと》められます。論理的《ろんりてき》な思考能力《しこうのうりょく》や幅広《はばひろ》い見識《けんしき》が評価《ひょうか》のポイントです。

③ 留学生《りゅうがくせい》ならではの心構《こころがま》え

留学生《りゅうがくせい》が注意《ちゅうい》しなければならないのが、企業側《きぎょうがわ》に「ずっと日本《にほん》で働《はたら》きたいと考《かんが》えている」と思《おも》ってもらうことです。一定《いってい》の日本語能力《にほんごのうりょく》やコミュニケーション能力《のうりょく》を持《も》ち、さらにはある程度《ていど》の言葉遣《ことばづか》いやマナーを心得《こころえ》ていることを前提《ぜんてい》とすれば、企業《きぎょう》がいちばん気《き》にするのは、留学生《りゅうがくせい》の「定着度《ていちゃくど》」だからです。

人材《じんざい》の採用《さいよう》と採用後《さいようご》に一人前《いちにんまえ》の人材《じんざい》に育成《いくせい》するためには、とても多《おお》くのコストがかかります。ですから、いったん採用《さいよう》した人《ひと》にはなるべく長《なが》く働《はたら》いてほしい、会社《かいしゃ》の将来《しょうらい》を担《にな》う戦力《せんりょく》になってほしいと考《かんが》えるのは当然《とうぜん》のことです。

採用《さいよう》した留学生《りゅうがくせい》が、その企業《きぎょう》に定着《ていちゃく》できない原因《げんいん》としては、

a　在留資格《ざいりゅうしかく》の変更《へんこう》が認《みと》められない場合《ばあい》。

b　何年間《なんねんかん》か日本企業《にほんきぎょう》で実務経験《じつむけいけん》を積《つ》んで専門性《せんもんせい》を身《み》につけたら帰国《きこく》してしまう場合《ばあい》。

c　国民性《こくみんせい》、民族性《みんぞくせい》などの文化《ぶんか》・風土《ふうど》の違《ちが》いにうまく適応《てきおう》できずに帰国《きこく》してしまう場合《ばあい》。

d　家庭《かてい》の事情《じじょう》（主《おも》に経済的事情《けいざいてきじじょう》）や国《くに》の事情《じじょう》（政治《せいじ》・経済情勢《けいざいじょうせい》、兵役《へいえき》など）で急《きゅう》に帰国《きこく》せざるを得《え》なくなる場合《ばあい》。

などが考《かんが》えられます。

したがって、企業《きぎょう》があなたと出会《であ》った時《とき》に気《き》にするのは、次《つぎ》のようなことになります。まず、aの在留《ざいりゅう》資格変更《しかくへんこう》に関《かん》しては、本人《ほんにん》の就学状況《しゅうがくじょうきょう》（出席《しゅっせき》や成績《せいせき》）の不良《ふりょう》や資格外《しかくがい》活動《かつどう》（アルバイト）の超過《ちょうか》などがないかどうかが最大《さいだい》の懸念事項《けねんじこう》となります。これに関《かん》しては、あなたがまじめに授業《じゅぎょう》に出席《しゅっせき》して良《よ》い成績《せいせき》を取《と》り、ルール（アルバイトは週《しゅう》28時間《じかん》以内《いない》など）を守《まも》るようにするしかありません。留学生《りゅうがくせい》として恥《は》ずかしくない学業《がくぎょう》・生活《せいかつ》を送《おく》っていることが、就職《しゅうしょく》の大前提《だいぜんてい》になります。

bの日本《にほん》で働《はたら》き続《つづ》ける意思《いし》については、企業《きぎょう》はあなたが将来《しょうらい》をどう考《かんが》えているか、ずっと日本《にほん》で働《はたら》き続《つづ》けたいと考《かんが》えているのかを相当気《そうとうき》にするはずです。そして、「この学生《がくせい》は日本《にほん》でずっと働《はたら》きたいと思《おも》っている」という確信《かくしん》を得《え》たいはずです。

cの文化《ぶんか》や風土《ふうど》への適応性《てきおうせい》は、非常《ひじょう》に大《おお》きな問題《もんだい》になる可能性《かのうせい》があります。学校《がっこう》で学《まな》ぶ留学生《りゅうがくせい》の中《なか》にも日本《にほん》での生活《せいかつ》になじめずにメンタルバランスを崩《くず》す人《ひと》がいるくらいですから、社会人《しゃかいじん》としての重《おも》い責任《せきにん》が加《くわ》わった場合《ばあい》はなおさらです。したがって、企業《きぎょう》としては面接《めんせつ》などで、あなたの性格《せいかく》や気質《きしつ》を観察《かんさつ》しながら、不適応《ふてきおう》を起《お》こす人《ひと》でないかを見極《みきわ》めようとするはずです。

dについては、国《くに》の事情《じじょう》は仕方《しかた》がないとしても、家族構成《かぞくこうせい》やそれを含《ふく》めた経済的《けいざいてき》な事情《じじょう》は、企業《きぎょう》がかなり気《き》にする要素《ようそ》です。これまでの生活水準《せいかつすいじゅん》が著《いちじる》しく低《ひく》いと、今後《こんご》予想外《よそうがい》の事態《じたい》が発生《はっせい》するリスクは高《たか》いと判断《はんだん》されてしまいます。

以上《いじょう》のようなことから、留学生《りゅうがくせい》は日本企業《にほんきぎょう》から内定《ないてい》を取《と》るためには、自分《じぶん》の「売《う》り」以前《いぜん》に、次《つぎ》のような条件《じょうけん》を備《そな》えていなければならないことになります。

a　在留資格《ざいりゅうしかく》などの問題《もんだい》がクリアになっている。

b　日本企業《にほんきぎょう》で働《はたら》きたいという目的《もくてき》がはっきりしている。

c　異《こと》なる文化《ぶんか》や慣習《かんしゅう》に対《たい》する環境適応力《かんきょうてきおうりょく》がある。

d　日本《にほん》で安定《あんてい》して暮《く》らせるだけの経済力《けいざいりょく》がある。

いかがでしょうか。これらの条件《じょうけん》をすべて満《み》たしているでしょうか。

特《とく》に、bは最重要《さいじゅうよう》なポイントです。「日本《にほん》で頑張《がんば》ります」「ずっと日本《にほん》で働《はたら》きたいです」だけではなく、なぜ日本《にほん》で働《はたら》きたいかの明確《めいかく》な理由《りゆう》を話《はな》してください。「日本《にほん》の技術《ぎじゅつ》やスキルを習得《しゅうとく》したいから」「日本《にほん》で働《はたら》いたほうが経済的《けいざいてき》に余裕《よゆう》を持《も》てるから」「とにかく日本《にほん》が大好《だいす》きなので」「日本人《にほんじん》の彼女《かのじょ》と結婚《けっこん》しようと思《おも》っているので」など、具体的《ぐたいてき》に説明《せつめい》してください。

ここで一《ひと》つ問題《もんだい》になるのが、「大学卒業後《だいがくそつぎょうご》の数年間《すうねんかん》は日本《にほん》の会社《かいしゃ》で働《はたら》いて、その後《ご》は母国《ぼこく》に帰《かえ》りたい」という方《かた》です。

結論《けつろん》から言《い》えば、そのこと自体《じたい》はまったく問題《もんだい》ありません。いずれは母国《ぼこく》に帰《かえ》って働《はたら》きたいと思《おも》うのは自然《しぜん》なことですし、日本《にほん》で少《すこ》しでも多《おお》くの役立《やくだ》つ知識《ちしき》や技能《ぎのう》を身《み》につけたいという考《かんが》えも納得《なっとく》できます。ただその一方《いっぽう》で、採用《さいよう》する企業《きぎょう》の立場《たちば》からは「せっかく採《さい》用《よう》しても、戦力《せんりょく》になる前《まえ》に辞《や》められたら困《こま》る」と、どうしても考《かんが》えてしまいます。ですから「日本《にほん》でずっと働《はたら》きたい」と断言《だんげん》すべきでしょうね。

ただ、もし日本企業《にほんきぎょう》が将来《しょうらい》あなたの母国《ぼこく》に進出《しんしゅつ》する計画《けいかく》を持《も》っていたならどうでしょう。あなたは、その企業《きぎょう》で最《もっと》も必要《ひつよう》な人材《じんざい》、現地《げんち》のマネジャー候補《こうほ》ということになります。となれば、希望《きぼう》する企業《きぎょう》が留学生《りゅうがくせい》を採用《さいよう》して即戦力《そくせんりょく》としてどのような働《はたら》きを期待《きたい》しているのか、自分《じぶん》の出身国《しゅっしんこく》やその周辺《しゅうへん》でどのような事業展開《じぎょうてんかい》をしているか、あるいはする予《よ》定《てい》なのかを、ぜひ就職《しゅうしょく》活動中《かつどうちゅう》に情報《じょうほう》収集《しゅうしゅう》してみてください。「自分《じぶん》の出身国《しゅっしんこく》への進出《しんしゅつ》に積極的《せっきょくてき》な企業《きぎょう》はどこか」という観点《かんてん》で、企業《きぎょう》探《さが》しをするのも有効《ゆうこう》だと思《おも》います。

もし企業《きぎょう》の事業《じぎょう》展開《てんかい》の方向《ほうこう》がうまく合《あ》えば、「いずれは故郷《こきょう》に帰《かえ》りたい」というあなたの希望《きぼう》は、企業《きぎょう》にとってマイナスであるどころか、「現地《げんち》マネジャー候補《こうほ》発見《はっけん》！」という大《おお》きなプラスになるかもしれないのですから。

④ 面接試験《めんせつしけん》での大原則《だいげんそく》

面接試験《めんせつしけん》で守《まも》るべき大原則《だいげんそく》について説明《せつめい》します。「エントリーシート」で準備《じゅんび》をしてきたことをいよいよ面接官《めんせつかん》の前《まえ》で披露《ひろう》して、「この学生《がくせい》をぜひ採用《さいよう》したい！」と思《おも》ってもらわなければなりませんので、ぜひ詰《つ》めを誤《あやま》らないでください。

i　面接試験会場《めんせつしけんかいじょう》に入《はい》る前《まえ》から試験《しけん》は始《はじ》まっている

試験官《しけんかん》が並《なら》んで座《すわ》っている会場《かいじょう》に入《はい》ったところから「面接開始《めんせつかいし》！」というイメージを持《も》っている方《かた》、それは間違《まちが》いです。

会社説明会《かいしゃせつめいかい》や採用面接《さいようめんせつ》では、「受付《うけつけ》～会場案内《かいじょうあんない》～（場合《ばあい》によっては見学《けんがく》）～説明員《せつめいいん》からの会社概要説明《かいしゃがいようせつめい》～質疑《しつぎ》～（場合《ばあい》によっては先輩社員《せんぱいしゃいん》との交流会《こうりゅうかい》）」といった流《なが》れになりますが、**「入館《にゅうかん》から退館《たいかん》まで録画《ろくが》チェックされているくらいの気持《きも》ち」でいた方《ほう》がよい**です。

受付《うけつけ》も、会場《かいじょう》で説明《せつめい》している社員《しゃいん》も、説明者以外《せつめいしゃいがい》の社員《しゃいん》も、ニコニコしながらも確実《かくじつ》に観察《かんさつ》していますし、担当《たんとう》した社員全員《しゃいんぜんいん》の意見《いけん》を最後《さいご》に必《かなら》ず確認《かくにん》します。

服装《ふくそう》はもちろんのこと、携帯《けいたい》・スマホの電源《でんげん》を切《き》るのは当然《とうぜん》ですし、受付直前《うけつけちょくぜん》までイヤホンをしている、ネクタイをしていない（またはゆるめている）といった態度《たいど》はもちろん論外《ろんがい》です。**受付《うけつけ》への態度《たいど》で一番人間性《いちばんにんげんせい》が出《で》ます。**だから必《かなら》ずチェックされて、その結果《けっか》は面接前《めんせつまえ》に面接官《めんせつかん》の手元《てもと》に届《とど》いていると考《かんが》えてください。

もう一《ひと》つは、会社《かいしゃ》に着《つ》く前《まえ》の注意点《ちゅういてん》です。連絡《れんらく》なしの遅刻《ちこく》などは論外《ろんがい》です。急《きゅう》な事故《じこ》などで遅《おく》れそうな時《とき》は、企業《きぎょう》の緊急連絡先《きんきゅうれんらくさき》（事前《じぜん》に伝《つた》えられているはず）に事情《じじょう》を伝《つた》えて指《し》示《じ》を受《う》けてください。受付《うけつけ》に着《つ》いてから何《なに》を言《い》い訳《わけ》しても手遅《ておく》れです。

ii　ゆっくり話《はなし》をすることの大切《たいせつ》さ

次は、「もう少《すこ》しゆっくり話《はな》しましょう」というお話《はなし》です。

就職活動《しゅうしょくかつどう》での「早口《はやくち》」は、大変《たいへん》なマイナスになります。

「せっかくの自己《じこ》PRの時間《じかん》なのだからたくさん伝《つた》えたい。」

「企業研究《きぎょうけんきゅう》してきた結果《けっか》を見《み》てほしい。」

「こんなに強《つよ》い気持《きも》ちで志望《しぼう》していることを知《し》ってほしい。」

そういう皆《みな》さんの気持《きも》ちはわかります。でも面接官《めんせつかん》はきっと「そんなに早口《はやくち》で話《はな》されても聞《き》き取《と》れない」「たくさん話《はな》したけれど、結局《けっきょく》、言《い》いたかったことは何《なに》?」と思《おも》うでしょう。

留学生《りゅうがくせい》の場合《ばあい》には、「こんなにうまく日本語《にほんご》が話《はな》せるんだ」とプラスに評価《ひょうか》をしてもらえるかもしれません。しかし、急《いそ》いで話《はな》して途中《とちゅう》で間違《まちが》えてしまい、焦《あせ》ってあとはボロボロ……、になってしまっては意味《いみ》がありません。もし最後《さいご》まで言《い》えたとしても、暗記《あんき》してきたことを、機械《きかい》のように早口《はやくち》で一気《いっき》に話《はな》しても、面接官《めんせつかん》はあまり良《よ》い印象《いんしょう》は持《も》ちませんし、「エントリーシートに書《か》いてあるのと同《おな》じじゃないか」と思《おも》うことでしょう。

逆《ぎゃく》に「ゆっくり要点《ようてん》を絞《しぼ》って話《はなし》をする⇓間違《まちが》えない⇓聞《き》き取《と》りやすい⇓質問《しつもん》をしやすい

⇓補足説明《ほそくせつめい》ができる⇓さらに質問《しつもん》される⇓コミュニケーションが成立《せいりつ》する⇓落《お》ち着《つ》いて見《み》える⇓良《よ》い印象《いんしょう》が残《のこ》る」という流《なが》れにしたいものです。

面接時間内《めんせつじかんない》に自分《じぶん》からたくさん話《はな》そうとするのはやめましょう。面接官《めんせつかん》が思《おも》わず質問《しつもん》したくなるようにポイントを絞《しぼ》った自己《じこ》ＰＲをして、質問《しつもん》にていねいに答《こた》えるのが最高《さいこう》の面接《めんせつ》です。

あとは「短《みじか》い面接時間《めんせつじかん》で、ゆっくりポイントを絞《しぼ》った話《はなし》ができるかどうか」です。つまり「自分《じぶん》の言葉《ことば》で簡潔《かんけつ》な自己《じこ》ＰＲや志望動機《しぼうどうき》を考《かんが》えておく」ことが重要《じゅうよう》です。「ガクチカ」を説明《せつめい》する時《とき》も、時間順《じかんじゅん》にダラダラと説明《せつめい》するよりも、「活動内容《かつどうないよう》のイメージとその成果《せいか》、自分《じぶん》が工夫《くふう》したこと、学《まな》んだこと、今後《こんご》やりたいこと」を簡潔《かんけつ》に短《みじか》くまとめる方《ほう》が効果的《こうかてき》です。

iii　結論《けつろん》から先《さき》に

「**結論《けつろん》は先《さき》、理由《りゆう》は箇条書《かじょうが》きのつもりで後《あと》から言《い》う**」というのが、特《とく》に留学生《りゅうがくせい》が面接《めんせつ》で質問《しつもん》に答《こた》える時《とき》の大原則《だいげんそく》です。これさえ守《まも》っておけば、いくら緊張《きんちょう》しても、そして少《すこ》し言《い》い間違《まちが》えたとしても、相手《あいて》にこちらの言《い》いたいことが伝《つた》わるからです。「（結論《けつろん》は）〇〇です。理由《りゆう》は三《みっ》つあります。一《ひと》つ目《め》は□□、二《ふた》つ目《め》は△△、三《みっ》つ目《め》は××です」と言《い》うと、内容《ないよう》が不足《ふそく》していても、かなり論理的《ろんりてき》に聞《き》こえます。

逆《ぎゃく》に最悪《さいあく》なのが、時間順《じかんじゅん》にダラダラ話《はな》すことです。自分《じぶん》の頭《あたま》の中《なか》は、時間順《じかんじゅん》に話《はな》した方《ほう》が整理《せいり》されるかもしれませんが、面接官《めんせつかん》はあなたの物語《ものがたり》を聞《き》きたいのではありませんから、うんざりして、評価点数《ひょうかてんすう》が悪《わる》くなってしまいます。

すでに、エントリーシートを書《か》く段階《だんかい》で、内容面《ないようめん》はかなりブラッシュアップされているはずですので、面接《めんせつ》ではここで挙《あ》げた３つの原則《げんそく》のみに注意《ちゅうい》を払《はら》ってください。

3　留学生《りゅうがくせい》への想定質問《そうていしつもん》

本節《ほんせつ》では、面接試験《めんせつしけん》で留学生《りゅうがくせい》に投《な》げかけられることが多《おお》い質問《しつもん》を、カテゴリー別《べつ》に整理《せいり》してみました。もし時間《じかん》に余裕《よゆう》があれば、それぞれ自分《じぶん》なりに答《こた》えられるよう準備《じゅんび》してください。

《志望動機系《しぼうどうきけい》》

1 なぜ当社《とうしゃ》に入社《にゅうしゃ》したいのですか？

2 なぜ○○○○の職種《しょくしゅ》を志望《しぼう》したのですか？

3 いつから志望《しぼう》しているのですか？

4 入社《にゅうしゃ》したらどんな社員《しゃいん》になりたいですか？

5 あなたの強《つよ》みや能力《のうりょく》を当社《とうしゃ》でどのように活《い》かせますか？

6 当社《とうしゃ》でやりたいこと、挑戦《ちょうせん》したいことは何《なに》ですか？

7 企業《きぎょう》選《えら》びの基準《きじゅん》を教《おし》えてください。

8 他《ほか》にどのような企業《きぎょう》を受《う》けていますか？　他社《たしゃ》の活動《かつどう》の進行状況《しんこうじょうきょう》は？

9 当社《とうしゃ》の志望順位《しぼうじゅんい》は何番目《なんばんめ》ですか？

10 インターンシップに参加《さんか》した企業《きぎょう》を教《おし》えてください。

11 今《いま》まで落《お》ちた会社《かいしゃ》は？　どうして落《お》ちたか分《わ》かりますか？

《留学系《りゅうがくけい》》

12 日本《にほん》に留学《りゅうがく》した理由《りゆう》は何《なに》ですか？

13 日本《にほん》に来《き》て驚《おどろ》いたこと、母国《ぼこく》と違《ちが》うことはありますか？

14 日本《にほん》の企業《きぎょう》に就職《しゅうしょく》を希望《きぼう》する理由《りゆう》を教《おし》えてください。

15 日本語《にほんご》はどのくらい使《つか》いこなせますか？

16 海外現地法人《かいがいげんちほうじん》への赴任《ふにん》を希望《きぼう》しますか？

17 日本人《にほんじん》とも仕事《しごと》を続《つづ》けていけますか？

《自己《じこ》アピール系《けい》》

18 簡単《かんたん》に自己紹介《じこしょうかい》をお願《ねが》いします（20秒程度《びょうていど》）。

19 自己《じこ》ＰＲをしてください。

20 あなたが入社《にゅうしゃ》したら当社《とうしゃ》にどんなメリットがありますか？

21 一言《ひとこと》でいうと、あなたはどんな人《ひと》ですか？

22 あなたの強《つよ》み・長所《ちょうしょ》は？

23 あなたの弱《よわ》み・短所《たんしょ》は？ 短所《たんしょ》をどのように克服《こくふく》してきましたか？

24 友人《ゆうじん》や周《まわ》りの人《ひと》からどんな人《ひと》だと言《い》われますか？

25 これだけは人《ひと》に負《ま》けないというものは何《なん》ですか？

26 あなたは動物《どうぶつ》に例《たと》えると何《なん》ですか？

《ガクチカ系《けい》》

27 学生時代《がくせいじだい》に最《もっと》も力《ちから》を入《い》れた（頑張《がんば》った）ことは？

28 なぜ今《いま》の大学《だいがく》（学校《がっこう》）を選《えら》んだのですか？

29 大学《だいがく》（学校《がっこう》）でどんな勉強《べんきょう》をしてきましたか？

30 卒業研究《そつぎょうけんきゅう》（卒論《そつろん》）の内容《ないよう》を教《おし》えてください。

31 学生時代《がくせいじだい》に出《だ》した成果《せいか》を教《おし》えてください。

32 アルバイトは何《なに》をしていますか？

33 アルバイトで何《なに》を学《まな》びましたか？

34 部活動《ぶかつどう》（サークル活動《かつどう》）の内容《ないよう》を教《おし》えてください。

35 部活動《ぶかつどう》（サークル活動《かつどう》）でのあなたの役割《やくわり》を教《おし》えて下《くだ》さい。

36 その部活動《ぶかつどう》（サークル活動《かつどう》）でいちばん楽《たの》しかったこと、困難《こんなん》だったことを教《おし》えてください。

37 リーダーシップを取《と》った経験《けいけん》はありますか？

《経験《けいけん》・体験系《たいけんけい》》

38 成功体験《せいこうたいけん》を教《おし》えてください。

39 失敗体験《しっぱいたいけん》を教《おし》えてください。

40 挫折《ざせつ》した経験《けいけん》を教《おし》えてください。それをどうやって克服《こくふく》しましたか？

41 今《いま》までいちばん辛《つら》かったことは？

42 今《いま》までいちばん感動《かんどう》したこと（嬉《うれ》しかったこと）は？

43 今《いま》までいちばん悔《くや》しかったことは何《なん》ですか？

44 あなたが最《もっと》も幸《しあわ》せを感《かん》じた瞬間《しゅんかん》は？

45 あなたがいちばん長《なが》く続《つづ》けてきたことは何《なん》ですか？

46　最近感謝《さいきんかんしゃ》したことはありますか？

47　最近生活《さいきんせいかつ》している中《なか》で、これは大切《たいせつ》だなと気《き》が付《つ》いたことはありますか？

48　あなたが最《もっと》も影響《えいきょう》を受《う》けた人《ひと》は？

49　苦手《にがて》な人《ひと》はいますか？

50　人《ひと》と接《せっ》する上《うえ》で気《き》をつけていることは？

51　チームワークを取《と》る上《うえ》で心《こころ》がけていることは何《なん》ですか？

52　友人《ゆうじん》が悩《なや》んでいる時《とき》、あなたはどうしますか？

53　ストレスを感《かん》じたり、失敗《しっぱい》したりした時《とき》にはどのように発散《はっさん》していますか？

《仕事《しごと》・将来系《しょうらいけい》》

54　あなたの夢《ゆめ》を教《おし》えてください？

55　今後《こんご》のキャリアプラン（キャリアビジョン）を教《おし》えてください？

56　5年後《ねんご》、10年後《ねんご》の自分《じぶん》について教《おし》えてください？

57　あなたにとって仕事《しごと》・就職《しゅうしょく》とは何《なん》ですか？

58　仕事《しごと》で大切《たいせつ》だと思《おも》うこと何《なん》ですか？

59　仕事《しごと》のやりがいは何《なん》だと思《おも》いますか？

60　仕事《しごと》を通《つう》じてどのように成長《せいちょう》したいですか？

61　仕事《しごと》とプライベートはどちらが大切《たいせつ》だと思《おも》いますか？

62　上司《じょうし》とあなたの意見《いけん》が分《わ》かれたらどうしますか？

《企業《きぎょう》・業界分析系《ぎょうかいぶんせきけい》》

63　この業界《ぎょうかい》は今後《こんご》、どうなっていくと思《おも》いますか？

64　当社《とうしゃ》の印象《いんしょう》／イメージを教《おし》えてください。

65　当社《とうしゃ》を一言《ひとこと》で例《たと》えると？

66　当社《とうしゃ》の強《つよ》み、弱《よわ》みはどこだと思《おも》いますか？

67　当社《とうしゃ》と競合他社《きょうごうたしゃ》と比較《ひかく》してください。

68　当社《とうしゃ》の改善点《かいぜんてん》・課題《かだい》は何《なん》だと思《おも》いますか？

《関心《かんしん》・興味《きょうみ》・趣味系《しゅみけい》》

69 語学《ごがく》は何語《なにご》が話《はな》せますか？

70 どんな資格《しかく》を取《と》っていますか？ なぜその資格《しかく》を取《と》ろうと思《おも》ったのですか？

71 最近《さいきん》、気《き》になるニュースを教《おし》えてください。

72 最近《さいきん》、母国《ぼこく》のニュースで気《き》になる出来事《できごと》などありましたか？

73 最近《さいきん》、いちばん関心《かんしん》があることは？

74 好《す》きなテレビ番組《ばんぐみ》は？

75 趣味《しゅみ》・特技《とくぎ》を教《おし》えてください。

76 尊敬《そんけい》する人《ひと》は誰《だれ》ですか？

77 あなたの大切《たいせつ》にしている言葉《ことば》を教《おし》えてください。

78 休《やす》みの日《にち》の過《す》ごし方《かた》は？

79 何《なに》かスポーツをしていますか？

80 自己啓発《じこけいはつ》をしていることはありますか？

《思考力《しこうりょく》・表現力系《ひょうげんりょくけい》》

81　1，000万円《まんえん》あるとしたら、何《なに》に使《つか》いますか？

82　好《す》きな食《た》べ物《もの》のPRをして、面接官《めんせつかん》にそれを食《く》べたいと思《おも》わせて下《くだ》さい。

83　これから成功《せいこう》するビジネスは何《なん》だと思いますか？

84　1つ夢《ゆめ》が叶《かな》うとしたら何《なに》をお願《ねが》いしますか？

85　あなたは運《うん》が良《よ》いほうだと思《おも》いますか？

《＋α系《けい》》

86　当社《とうしゃ》について何《なに》か質問《しつもん》はありますか？

【参考文献】

髭人爺「面接突破請負人【M-Trainia】落ちない面接トレーニング」http://m-trainia.net/

第《だい》8章《しょう》　在留《ざいりゅう》資格《しかく》の手続《てつづ》きを行《おこな》う

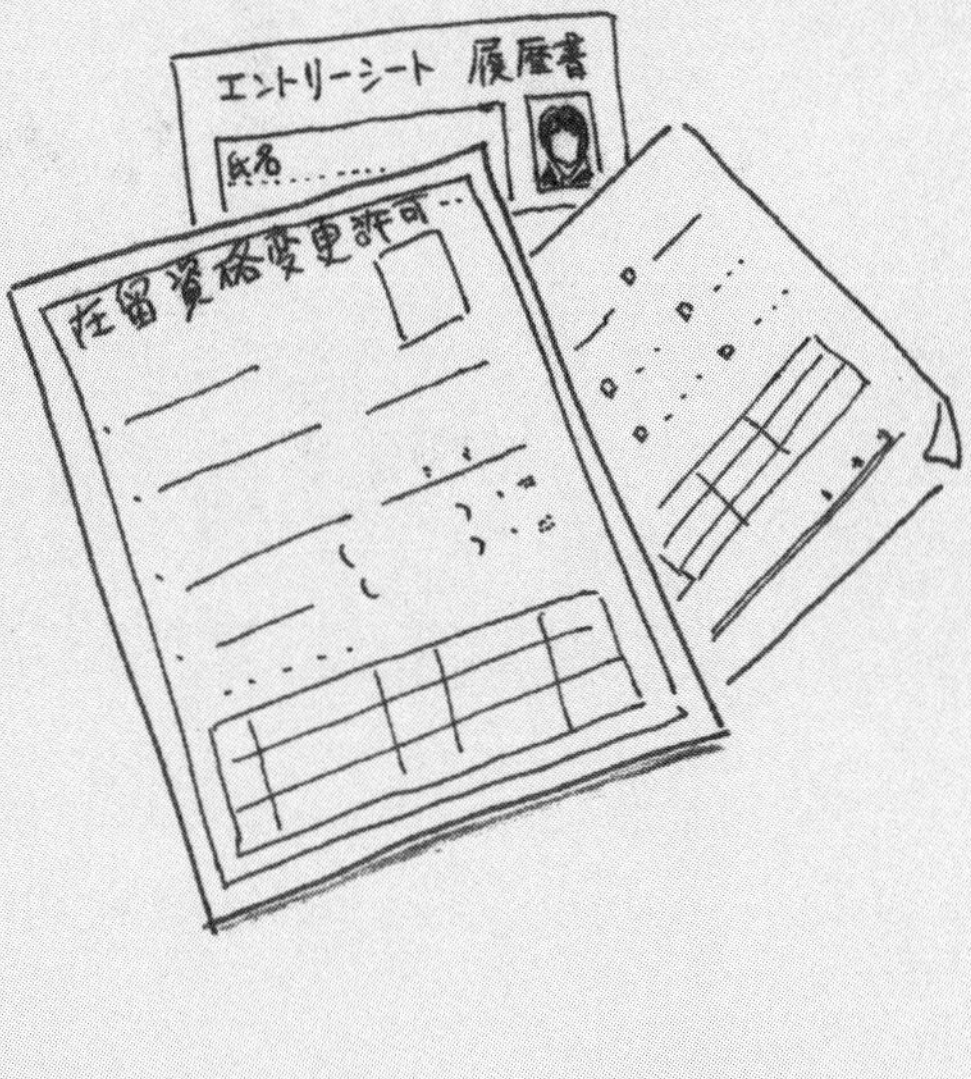

1　在留《ざいりゅう》資格《しかく》変更《へんこう》

日本《にほん》には、留学生《りゅうがくせい》や訪日外客《ほうにちがいきゃく》、起業家《きぎょうか》などのさまざまな目的《もくてき》をもった外国人《がいこくじん》が入国《にゅうこく》しています。その際《さい》に必要《ひつよう》となるのは、在留《ざいりゅう》資格《しかく》です。

２０１９年《ねん》４月《がつ》からは、中小《ちゅうしょう》・小規模《しょうきぼ》事業者《じぎょうしゃ》の深刻《しんこく》な人手不足《ひとでぶそく》に対応《たいおう》するために、特定《とくてい》産業《さんぎょう》分野《ぶんや》（14分野《ぶんや》）を対象《たいしょう》として外国人材《がいこくじんざい》を受入《うけい》れるための新《あら》たな在留《ざいりゅう》資格《しかく》「特定技能《とくていぎのう》１号《ごう》」「特定技能《とくていぎのう》２号《ごう》」が創設《そうせつ》されました。

また、入国《にゅうこく》した**留学生《りゅうがくせい》が専門学校《せんもんがっこう》や大学《だいがく》などを卒業《そつぎょう》して日本企業《にほんきぎょう》などに就職《しゅうしょく》する際《さい》には、在留《ざいりゅう》資格変更許可申請《しかくへんこうきょかしんせい》を行《おこな》う必要《ひつよう》があります。**

そもそも日本《にほん》には、どのような種類《しゅるい》の在留《ざいりゅう》資格《しかく》があるのでしょうか。

図表《ずひょう》8―1によれば、日本《にほん》には、①「本邦《ほんぽう》において行《おこな》うことができる活動《かつどう》」によって与《あた》えられる在留《ざいりゅう》資格《しかく》（25種類《しゅるい》）、②「本邦《ほんぽう》において有《ゆう》する身分又《みぶんまた》は地位《ちい》」によって与《あた》えられ

図表8-1　在留資格一覧表（2019年11月現在）

本邦において行うことができる活動	
在留資格	該当例
外交	外国政府の大使、公使、総領事、代表団構成員等及びその家族
公用	外国政府の大使館・領事館の職員、国際機関等から公の用務で派遣される者等及びその家族
教授	大学教授等
芸術	作曲家、画家、著述家等
宗教	外国の宗教団体から派遣される宣教師等
報道	外国の報道機関の記者、カメラマン
高度専門職	ポイント制による高度人材
経営・管理	企業等の経営者・管理者
法律・会計業務	弁護士、公認会計士等
医療	医師、歯科医師、看護師
研究	政府関係機関や私企業等の研究者
教育	中学校・高等学校等の語学教師等
技術・人文知識・国際業務	機械工学等の技術者、通訳、デザイナー、私企業の語学教師、マーケティング業務従事者等
企業内転勤	外国の事業所からの転勤者
介護	介護福祉士
興行	俳優、歌手、ダンサー、プロスポーツ選手等
技能	外国料理の調理師、スポーツ指導者、航空機の操縦者、貴金属等の加工職人等
特定技能	「特定技能1号」特定産業分野に属する相当程度の知識又は経験を要する技能を要する業務に従事する外国人 「特定技能2号」特定産業分野に属する熟練した技能を要する業務に従事する外国人
技能実習	技能実習生

る在留《ざいりゅう》資格《しかく》（4種類《しゅるい》）の計《けい》29種類《しゅるい》があります。

29種類《しゅるい》の在留《ざいりゅう》資格《しかく》の中《なか》でも、特《とく》に、在留《ざいりゅう》資格《しかく》「技術《ぎじゅつ》・人文《じんぶん》知識《ちしき》・国際《こくさい》業務《ぎょうむ》」は、留《りゅう》学生《がくせい》が日本《にほん》企業《きぎょう》への就職《しゅうしょく》を目的《もくてき》として在留《ざいりゅう》資格《しかく》変更《へんこう》許可《きょか》申請《しんせい》を行《おこな》う在留《ざいりゅう》資格《しかく》です。第《だい》2章《しょう》で述《の》べたように、在留《ざいりゅう》資格《しかく》「技術《ぎじゅつ》・人文《じんぶん》知識《ちしき》・国際《こくさい》業務《ぎょうむ》」は、留学生《りゅうがくせい》が日本《にほん》企業《きぎょう》に就《しゅう》職《しょく》する目的《もくてき》で手続《てつづ》きした在留《ざいりゅう》資格《しかく》変更《へんこう》許可《きょか》申請《しんせい》の全体《ぜんたい》の許可《きょか》人数《にんずう》の約《やく》90％の構成比《こうせいひ》を占《し》めています。

それでは、この「技術《ぎじゅつ》・人文《じんぶん》知識《ちしき》・国際《こくさい》業務《ぎょうむ》」は、どのような活動《かつどう》ができる在留《ざいりゅう》資格《しかく》なのでしょうか。

法務省《ほうむしょう》は、在留《ざいりゅう》資格《しかく》「技術《ぎじゅつ》・人文《じんぶん》知識《ちしき》・国際《こくさい》業務《ぎょうむ》」の日本《にほん》でできる活動《かつどう》内容《ないよう》を「本邦《ほんぽう》の公私《こうし》の機関《きかん》との契約《けいやく》に基《もと》づいて行《おこな》う理学《りがく》、工学《こうがく》その他《た》の自然《しぜん》科学《かがく》の分野《ぶんや》若《も》しくは法律学《ほうりつがく》、経済学《けいざいがく》、社会学《しゃかいがく》その他《た》の人文《じんぶん》科学《かがく》の分野《ぶんや》に属《ぞく》する技術《ぎじゅつ》若《も》しくは知識《ちしき》を要《よう》する業務《ぎょうむ》又《また》は外《がい》国《こく》の文化《ぶんか》に基盤《きばん》を有《ゆう》する思考《しこう》若《も》しくは感受性《かんじゅせい》を必要《ひつよう》とする業務《ぎょうむ》に従事《じゅうじ》する活動《かつどう》」としています。

第《だい》2章《しょう》でも取《と》り上《あ》げた通《とお》り、在留《ざいりゅう》資格《しかく》「技術《ぎじゅつ》・人文《じんぶん》知識《ちしき》・国際《こくさい》業務《ぎょうむ》」については、現《げん》

文化活動	日本文化の研究者等
短期滞在	観光客、会議参加者等
留学	大学、短期大学、高等専門学校、高等学校、中学校及び小学校等の学生・生徒
研修	研修生
家族滞在	在留外国人が扶養する配偶者・子
特定活動	外交官等の家事使用人、ワーキング・ホリデー、経済連携協定に基づく外国人看護師・介護福祉士候補者等
本邦において有する身分又は地位	
永住者	法務大臣から永住の許可を受けた者（入管特例法の「特別永住者」を除く。）
日本人の配偶者等	日本人の配偶者・子・特別養子
永住者の配偶者等	永住者・特別永住者の配偶者及び本邦で出生し引き続き在留している子
定住者	第三国定住難民、日系３世、中国残留邦人等

（出所）法務省出入国在留管理庁「在留資格一覧表（2019年11月現在）」
http://www.immi-moj.go.jp/tetuduki/kanri/qaq5.pdf

在《ざい》は、大学《だいがく》における専攻科目《せんこうかもく》と業務《ぎょうむ》内容《ないよう》との関連性《かんれんせい》について柔軟《じゅうなん》に取《と》り扱《あつか》う運用《うんよう》とされ、関連性《かんれんせい》が弱《よわ》くても許可《きょか》される可能性《かのうせい》が大《おお》きくなりました。

2　審査《しんさ》に必要《ひつよう》な書類《しょるい》

留学生《りゅうがくせい》が在留資格《ざいりゅうしかく》「留学《りゅうがく》」から在留資格《ざいりゅうしかく》「技術《ぎじゅつ》・人文知識《じんぶんちしき》・国際《こくさい》業務《ぎょうむ》」に在留資格変更許可申請《ざいりゅうしかくへんこうきょかしんせい》を行《おこな》う際《さい》には、留学生《りゅうがくせい》が就職《しゅうしょく》する日本《にほん》企業等《きぎょうなど》の区分《くぶん》に応《おう》じて、「①企業《きぎょう》が準備《じゅんび》する書類《しょるい》」と「②本人《ほんにん》が準備《じゅんび》

図表8-2　法務省が定めている所属機関の区分

	カテゴリー1	カテゴリー2	カテゴリー3	カテゴリー4
区分（所属機関）	(1) 日本の証券取引所に上場している企業 (2) 保険業を営む相互会社 (3) 日本又は外国の国・地方公共団体 (4) 独立行政法人 (5) 特殊法人・認可法人 (6) 日本の国・地方公共団体の公益法人 (7) 法人税法別表第1に掲げる公共法人 (8) 高度専門職省令第1条第1項各号の表の特別加算の項の中欄イ又はロの対象企業（イノベーション創出企業） (9) 一定の条件を満たす企業等	前年分の給与所得の源泉徴収票等の法定調書合計表中、給与所得の源泉徴収票合計表の源泉徴収税額が1,000万円以上ある団体・個人	前年分の職員の給与所得の源泉徴収票等の法定調書合計表が提出された団体・個人（カテゴリー2を除く）	左のいずれにも該当しない団体・個人

（出所）法務省出入国在留管理庁「日本において行うことができる活動内容等」
http://www.moj.go.jp/nyuukokukanri/kouhou/nyuukokukanri07_00089.html

する書類《しょるい》」の、2つの立《たち》場《ば》で異《こと》なる書類《しょるい》を揃《そろ》えておく必要《ひつよう》があります。そのため、留学生《りゅうがくせい》は、日本《にほん》企業《きぎょう》に就職《しゅうしょく》が決《き》まった際《さい》に、法務省《ほうむしょう》が定《さだ》めている所属機関《しょぞくきかん》の区分《くぶん》に応《おう》じて、必要《ひつよう》な書類《しょるい》がどれくらい揃《そろ》っているのかを把握《はあく》しながら在留《ざいりゅう》資格《しかく》変更許《へんこうきょ》可《か》申請《しんせい》の準備《じゅんび》をする必要《ひつよう》があります。

まず、法務省《ほうむしょう》が定《さだ》めている所属機関《しょぞくきかん》の区分《くぶん》につ

図表8-3　企業が準備する書類

	書類	カテゴリー1	カテゴリー2	カテゴリー3	カテゴリー4
1	在留資格変更許可申請書（所属機関用）	○	○	○	○
2	四季報または決算短信	○			
3	法定調書合計表		○	○	△※
4	会社概要	あればなお良い	あればなお良い	○	○
5	登記事項証明書（原本）		あればなお良い	○	○
6	損益計算書		あればなお良い	○	○
7	雇用契約書	あればなお良い	あればなお良い	○	○
8	雇用理由書	あればなお良い	あればなお良い	○	○

※法定調書合計表を提出できない理由を明らかにする資料の提出が必要
（出所）株式会社グローバルパワー「在留資格変更・在留資格更新に必要な申請書類は？～必要書類チェックリスト～」
https://university.globalpower.co.jp/154/

いて見《み》てみましょう。

図表《ずひょう》8―2に示《しめ》されるように、法務省《ほうむしょう》が定《さだ》めている所属機関《しょぞくきかん》の区分《くぶん》は、カテゴリー1からカテゴリー4まであります。したがって、留学生《りゅうがくせい》は、就職《しゅうしょく》する日本《にほん》企業《きぎょう》の規模《きぼ》がカテゴリー1からカテゴリー4までのどれに該当《がいとう》するのかを確認《かくにん》する必要《ひつよう》があります。

次《つぎ》に、「①企業《きぎょう》が準備《じゅんび》す

る書類《しょるい》」について見《み》てみましょう。

留学生《りゅうがくせい》が就職《しゅうしょく》する日本企業《にほんきぎょう》では、前述《ぜんじゅつ》した法務省《ほうむしょう》が定《さだ》めている所属機関《しょぞくきかん》の区分《くぶん》のどのカテゴリーに該当《がいとう》するか確認《かくにん》し、準備《じゅんび》しなければならない書類《しょるい》を確認《かくにん》する必要《ひつよう》があります。

図表《ずひょう》8―3に示《しめ》されるように、留学生《りゅうがくせい》が就職《しゅうしょく》する日本企業《にほんきぎょう》では、法務省《ほうむしょう》が定《さだ》めている所《しょ》属機関《ぞくきかん》の区分《くぶん》（カテゴリー）によって準備《じゅんび》しなければならない書類《しょるい》が異《こと》なります。

最後《さいご》に、「②本人《ほんにん》が準備《じゅんび》する書類《しょるい》」について見《み》てみましょう。

図表《ずひょう》8―4に示《しめ》されるように、留学生《りゅうがくせい》が準備《じゅんび》する書類《しょるい》については、法務省《ほうむしょう》が定《さだ》めている所属機関《しょぞくきかん》の区分《くぶん》（カテゴリー）と最終学歴《さいしゅうがくれき》によって準備《じゅんび》しなければならない書類《しょるい》が異《こと》なってきます。

留学生《りゅうがくせい》が在留資格《ざいりゅうしかく》「留学《りゅうがく》」から在留資格《ざいりゅうしかく》「技術《ぎじゅつ》・人文知識《じんぶんちしき》・国際業務《こくさいぎょうむ》」に在留資《ざいりゅうし》格変更許可申請《かくへんこうきょかしんせい》をする際《さい》には、前述《ぜんじゅつ》した「①企業《きぎょう》が準備《じゅんび》する書類《しょるい》」と「②本人《ほんにん》が準備《じゅんび》する書類《しょるい》」を、どこの公的機関《こうてききかん》で申請《しんせい》すればよいのでしょうか。

図表8-4　本人が準備する書類

	書類	カテゴリー1	カテゴリー2	カテゴリー3	カテゴリー4
1	パスポート	○	○	○	○
2	在留カード	○	○	○	○
3	在留資格変更許可申請書（申請人用）	○	○	○	○
4	証明写真（3に貼付）	○	○	○	○
5	収入印紙代金4,000円	○	○	○	○
6	専門士称号証明（専門学校卒の場合）	○	○	○	○
7	履歴書、職務経歴書	あればなお良い	あればなお良い	○	○
8	卒業証明書	あればなお良い	あればなお良い	○	○
9	志望動機書	あればなお良い	あればなお良い	あればなお良い	あればなお良い
10	資格等の証明書	あればなお良い	あればなお良い	あればなお良い	あればなお良い
11	納税証明書	市役所・区役所で発行してもらう提出資料として求められることがある			
12	住民税課税証明書				
13	退職証明書	必須ではないが、追加提出資料として求められることがある			
14	源泉徴収票				

（出所）株式会社グローバルパワー「在留資格変更・在留資格更新に必要な申請書類は？～必要書類チェックリスト～」
https://university.globalpower.co.jp/154/

法務省《ほうむしょう》によれば、在留資格変更許可申請《ざいりゅうしかくへんこうきょかしんせい》の申請先《しんせいさき》は、住居地《じゅうきょち》を管轄《かんかつ》する地方出入国《ちほうしゅつにゅうこく》在留管理官署《ざいりゅうかんりかんしょ》となっています。専門学校《せんもんがっこう》や大学《だいがく》などの卒業予定者《そつぎょうよていしゃ》は、新卒者《しんそつしゃ》として日本《にほん》企業《きぎょう》に就職《しゅうしょく》する年《ねん》の1月《がつ》（東京《とうきょう》・大阪《おおさか》では前年《ぜんねん》の12月《がつ》）から住居地《じゅうきょち》を管轄《かんかつ》する地方出入国《ちほうしゅつにゅうこく》在留管理官署《ざいりゅうかんりかんしょ》で在留資格変更許可申請《ざいりゅうしかくへんこうきょかしんせい》をすることができます。

通常《つうじょう》、1月《がつ》から3月《がつ》の時期《じき》は、在留資格変更許可申請《ざいりゅうしかくへんこうきょかしんせい》をする留学生《りゅうがくせい》が地方出入国在《ちほうしゅつにゅうこくざい》留管理官署《りゅうかんりかんしょ》を訪《おとず》れ、大変込《たいへんこ》み合《あ》っています。そして、地方出入国在留管理官署《ちほうしゅつにゅうこくざいりゅうかんりかんしょ》の審査《しんさ》官《かん》は、在留資格変更許可申請《ざいりゅうしかくへんこうきょかしんせい》に伴《ともな》う膨大《ぼうだい》な書類《しょるい》の審査《しんさ》に追《お》われています。そのため、在《ざい》留資格変更許可申請《りゅうしかくへんこうきょかしんせい》の審査期間《しんさきかん》は、状況《じょうきょう》や書類《しょるい》に関《かん》する審査《しんさ》などで長引《ながび》く可能性《かのうせい》があります。

このような状況《じょうきょう》ですから在留資格変更許可申請《ざいりゅうしかくへんこうきょかしんせい》をする留学生《りゅうがくせい》は、地方出入国在留管《ちほうしゅつにゅうこくざいりゅうかん》理官署《りかんしょ》で在留資格変更許可申請《ざいりゅうしかくへんこうきょかしんせい》が可能《かのう》となる1月《がつ》（東京《とうきょう》・大阪《おおさか》では前年《ぜんねん》の12月《がつ》）に間《ま》に合《あ》うように「①企業《きぎょう》が準備《じゅんび》する書類《しょるい》」と「②本人《ほんにん》が準備《じゅんび》する書類《しょるい》」を早《はや》めに準備《じゅんび》しておきましょう。

3 審査《しんさ》のポイント

留学生《りゅうがくせい》が就職《しゅうしょく》をするための在留資格変更許可申請《ざいりゅうしかくへんこうきょかしんせい》の手続《てつづき》は、新卒者《しんそつしゃ》が4月《がつ》から就職《しゅうしょく》できるよう、卒業《そつぎょう》する1月《がつ》ないし前年《ぜんねん》12月頃《がつごろ》から受《う》け付《つ》ける取扱《とりあつか》いになっています。在留資格《ざいりゅうしかく》の変更《へんこう》では、新《あら》たな活動《かつどう》が「技術《ぎじゅつ》・人文知識《じんぶんちしき》・国際業務《こくさいぎょうむ》」の就労可能《しゅうろうかのう》な在留資格《ざいりゅうしかく》のどれかに該当《がいとう》し、かつ基準省令《きじゅんしょうれい》に定《さだ》められた要件《ようけん》に適合《てきごう》していないと認《みと》められません。

それでは、留学生《りゅうがくせい》が日本企業《にほんきぎょう》に就職《しゅうしょく》する際《さい》に在留資格《ざいりゅうしかく》「技術《ぎじゅつ》・人文知識《じんぶんちしき》・国際業務《こくさいぎょうむ》」に変更《へんこう》する要件《ようけん》とは、どのようなものなのでしょうか。

法務省出入国在留管理庁《ほうむしょうしゅつにゅうこくざいりゅうかんりちょう》は、2019年《ねん》12月《がつ》に改訂《かいてい》した「留学生《りゅうがくせい》の在留資格《ざいりゅうしかく》「技術《ぎじゅつ》・人文知識《じんぶんちしき》・国際業務《こくさいぎょうむ》」への変更許可《へんこうきょか》のガイドライン」の中《なか》で、次《つぎ》のような要件《ようけん》を示《しめ》しています。

① 行《おこな》おうとする活動《かつどう》が申請《しんせい》に係《かかわ》る入管法別表《にゅうかんほうべっぴょう》に掲《かか》げる在留資格《ざいりゅうしかく》に該当《がいとう》すること

ア　本邦《ほんぽう》の公私《こうし》の機関《きかん》との契約《けいやく》に基《もと》づくものであること

イ　自然科学《しぜんかがく》又《また》は人文科学《じんぶんかがく》の分野《ぶんや》に属《ぞく》する技術《ぎじゅつ》又《また》は知識《ちしき》を要《よう》する業務《ぎょうむ》に従事《じゅうじ》する活《かつ》動《どう》であること

②　原則《げんそく》として法務省令《ほうむしょうれい》で定《さだ》める上陸許可基準《じょうりくきょかきじゅん》に適合《てきごう》していること

ア　従事《じゅうじ》しようとする業務《ぎょうむ》に必要《ひつよう》な技術《ぎじゅつ》又《また》は知識《ちしき》に関連《かんれん》する科目《かもく》を専攻《せんこう》して卒業《そつぎょう》していること

イ　日本人《にほんじん》が従事《じゅうじ》する場合《ばあい》に受《う》ける報酬《ほうしゅう》と同等額以上《どうとうがくいじょう》の報酬《ほうしゅう》を受《う》けること

③　その他《た》の要件《ようけん》

ア　素行《そこう》が不良《ふりょう》でないこと

イ　入管法《にゅうかんほう》に定《さだ》める届出等《とどけでなど》の義務《ぎむ》を履行《りこう》していること

さらに、法務省《ほうむしょう》出入国在留管理庁《しゅつにゅうこくざいりゅうかんりちょう》は、同《どう》ガイドラインの「別紙《べっし》1（事例《じれい》）」の中《なか》で不許可事例《ふきょかじれい》を公表《こうひょう》していますので、専門学校《せんもんがっこう》や大学《だいがく》などを卒業《そつぎょう》した留学生《りゅうがくせい》が、どのような場合《ばあい》が不許可《ふきょか》になるのかを確認《かくにん》しておきましょう。

まず、「本邦《ほんぽう》の公私《こうし》の機関《きかん》との契約《けいやく》に基《もと》づくものであること」に反《はん》する不許可《ふきょか》の事例《じれい》です。

《不許可事例《ふきょかじれい》①》

経済学部《けいざいがくぶ》を卒業《そつぎょう》した者《もの》から、会計事務所《かいけいじむしょ》との契約《けいやく》に基《もと》づき、会計事務《かいけいじむ》に従事《じゅうじ》するとして申請《しんせい》があったが、当該事務所《とうがいじむしょ》の所在地《しょざいち》には会計事務所《かいけいじむしょ》ではなく料理店《りょうりてん》があったことから、そのことについて説明《せつめい》を求《もと》めたものの、明確《めいかく》な説明《せつめい》がなされなかったため、当該事務所《とうがいじむしょ》が実態《じったい》のあるものとは認《みと》められず、「技術《ぎじゅつ》・人文知識《じんぶんちしき》・国際業務《こくさいぎょうむ》」の在留資格《ざいりゅうしかく》に該当《がいとう》する活動《かつどう》を行《おこな》うものとは認《みと》められないことから不許可《ふきょか》となった。

次《つぎ》に、「自然科学又《しぜんかがくまた》は人文科学《じんぶんかがく》の分野《ぶんや》に属《ぞく》する技術又《ぎじゅつまた》は知識《ちしき》を要《よう》する業務《ぎょうむ》に従事《じゅうじ》する活動《かつどう》であること」に反《はん》する不許可《ふきょか》の事例《じれい》です。

《不許可事例《ふきょかじれい》②》

国際情報《こくさいじょうほう》ビジネス科《か》を卒業《そつぎょう》した者《もの》から、本邦《ほんぽう》の中古電子製品《ちゅうこでんしせいひん》の輸出《ゆしゅつ》・販売等《はんばいなど》を業務内《ぎょうむない》容《よう》とする企業《きぎょう》との契約《けいやく》に基《もと》づき、月額《げつがく》18万円《まんえん》の報酬《ほうしゅう》を受《う》けて、電子製品《でんしせいひん》のチェックと修理《しゅうり》に関《かん》する業務《ぎょうむ》に従事《じゅうじ》するとして申請《しんせい》があったが、その具体的《ぐたいてき》な内容《ないよう》は、パソコン等《など》のデータ保存《ほぞん》、バックアップの作成《さくせい》、ハードウェアの部品交換等《ぶひんこうかんなど》であり、当該業務《とうがいぎょうむ》は自然科学《しぜんかがく》又《また》は人文科学《じんぶんかがく》の分野《ぶんや》に属《ぞく》する技術《ぎじゅつ》又《また》は知識《ちしき》を必要《ひつよう》とするものとは認《みと》められず、「技術《ぎじゅつ》・人《じん》文知識《ぶんちしき》・国際業務《こくさいぎょうむ》」に該当《がいとう》しないため不許可《ふきょか》となった。

さらに、「従事《じゅうじ》しようとする業務《ぎょうむ》に必要《ひつよう》な技術《ぎじゅつ》又《また》は知識《ちしき》に関連《かんれん》する科目《かもく》を専攻《せんこう》して卒《そつ》業《ぎょう》していること」に反《はん》する不許可《ふきょか》の事例《じれい》です。

《不許可事例《ふきょかじれい》③》

国際《こくさい》コミュニケーション学科《がっか》において、接遇《せつぐう》、外国語学習《がいこくごがくしゅう》、異文化《いぶんか》コミュニケーション、観光《かんこう》サービス論等《ろんなど》を履修《りしゅう》した者《もの》が、飲食店《いんしょくてん》を運営《うんえい》する企業《きぎょう》において、店舗管理《てんぽかんり》、商品開《しょうひんかい》発《はつ》、店舗開発《てんぽかいはつ》、販促企画《はんそくきかく》、フランチャイズ開発等《かいはつなど》を行《おこな》うとして申請《しんせい》があったが、当該業《とうがいぎょう》務《む》は経営理論《けいえいりろん》、マーケティング等《など》の知識《ちしき》を要《よう》するものであるとして、専攻《せんこう》した科目《かもく》との関《かん》連性《れんせい》が認《みと》められず不許可《ふきょか》となった。

そして、「日本人《にほんじん》が従事《じゅうじ》する場合《ばあい》に受《う》ける報酬《ほうしゅう》と同等額以上《どうとうがくいじょう》の報酬《ほうしゅう》を受《う》けること」に反《はん》する不許可《ふきょか》の事例《じれい》について、みてみましょう。

《不許可事例《ふきょかじれい》④》

日中通訳翻訳学科《にっちゅうつうやくほんやくがっか》を卒業《そつぎょう》した者《もの》から、輸出入業《ゆしゅつにゅうぎょう》を営《いとな》む企業《きぎょう》との雇用契約《こようけいやく》に基《もと》づき、月額《げつがく》17万円《まんえん》の報酬《ほうしゅう》を受《う》けて、海外企業《かいがいきぎょう》との契約書類《けいやくしょるい》の翻訳業務《ほんやくぎょうむ》及《およ》び商談時《しょうだんじ》の通訳《つうやく》に従事《じゅうじ》するとして申請《しんせい》があったが、申請人《しんせいにん》と同時《どうじ》に採用《さいよう》され、同種《どうしゅ》の業務《ぎょうむ》に従事《じゅうじ》する新卒《しんそつ》の日本《にほん》人《じん》の報酬《ほうしゅう》が月額《げつがく》20万円《まんえん》であることが判明《はんめい》したため、日本人《にほんじん》が従事《じゅうじ》する場合《ばあい》に受《う》ける報酬《ほうしゅう》と同等額以上《どうとうがくいじょう》の報酬《ほうしゅう》を受《う》けているとはいえないことから不許可《ふきょか》となった。

最後《さいご》に、「素行《そこう》が不良《ふりょう》でないこと」に反《はん》する不許可《ふきょか》の事例《じれい》です。

《不許可事例《ふきょかじれい》⑤》

商学部《しょうがくぶ》を卒業《そつぎょう》した者《もの》から、貿易業務《ぼうえきぎょうむ》・海外業務《かいがいぎょうむ》を行《おこな》っている企業《きぎょう》との契約《けいやく》に基《もと》づき、海外取引業務《かいがいとりひきぎょうむ》に従事《じゅうじ》するとして申請《しんせい》があったが、申請人《しんせいにん》は「留学《りゅうがく》」の在留資格《ざいりゅうしかく》で在留《ざいりゅう》中《ちゅう》、1年以上継続《ねんいじょうけいぞく》して月《つき》200時間以上《じかんいじょう》アルバイトとして稼働《かどう》していたことが今次申請《こんじしんせい》において明《あき》らかとなり、資格外活動許可《しかくがいかつどうきょか》の範囲《はんい》を大《おお》きく超《こ》えて稼働《かどう》していたことから、その在留状況《ざいりゅうじょうきょう》が良好《りょうこう》であるとは認《みと》められず、不許可《ふきょか》となった。

このように、不許可《ふきょか》の事例《じれい》について確認《かくにん》してきましたが、その他《ほか》にも、「入管法《にゅうかんほう》に定《さだ》める届出等《とどけでなど》の義務《ぎむ》を履行《りこう》していること」に反《はん》する場合《ばあい》にも不許可《ふきょか》となることがあります。留学生《りゅうがくせい》が在留資格《ざいりゅうしかく》「技術《ぎじゅつ》・人文知識《じんぶんちしき》・国際業務《こくさいぎょうむ》」への変更許可申請《へんこうきょかしんせい》を行《おこな》う際《さい》は、前述《ぜんじゅつ》した要件《ようけん》を満《み》たしていることが重要《じゅうよう》です。

4　転職活動《てんしょくかつどう》の注意点《ちゅういてん》

在留資格《ざいりゅうしかく》「技術《ぎじゅつ》・人文知識《じんぶんちしき》・国際業務《こくさいぎょうむ》」に変更《へんこう》した者《もの》は、日本企業《にほんきぎょう》に就職《しゅうしょく》し、雇用契約《こようけいやく》に定《さだ》められた業務《ぎょうむ》を行《おこな》います。しかし、外国人《がいこくじん》も日本人《にほんじん》と同様《どうよう》に何《なん》らかの理由《りゆう》で就職《しゅうしょく》した企業《きぎょう》を退職《たいしょく》することがあります。たとえば、自分自身《じぶんじしん》の能力《のうりょく》をさらに活《い》かしてキャリアアップを考《かんが》えたり、残業《ざんぎょう》が多《おお》くて体調《たいちょう》を崩《くず》してしまったりなどが挙《あ》げられます。外国人《がいこくじん》も日本人《にほんじん》と同様《どうよう》に、企業《きぎょう》を退職《たいしょく》した後《あと》は、別《べつ》の日本企業《にほんきぎょう》に転職《てんしょく》する人《ひと》もたくさんいます。

このように専門学校《せんもんがっこう》や大学《だいがく》などを卒業《そつぎょう》した留学生《りゅうがくせい》が日本企業《にほんきぎょう》に在留資格《ざいりゅうしかく》「技術《ぎじゅつ》・人文知識《じんぶんちしき》・国際業務《こくさいぎょうむ》」を交付《こうふ》されて就職《しゅうしょく》し、しばらくの就業期間《しゅうぎょうきかん》を経《へ》てから退職《たいしょく》し、別《べつ》の日本企業《にほんきぎょう》に転職《てんしょく》する際《さい》にはどのような手続《てつづ》きをしなければならないのでしょうか。ここでは、在留資格《ざいりゅうしかく》「技術《ぎじゅつ》・人文知識《じんぶんちしき》・国際業務《こくさいぎょうむ》」に焦点《しょうてん》を当《あ》てて見《み》ていきましょう。

前職《ぜんしょく》で、外国人《がいこくじん》が在留資格《ざいりゅうしかく》「技術《ぎじゅつ》・人文知識《じんぶんちしき》・国際業務《こくさいぎょうむ》」を交付《こうふ》されて業務《ぎょうむ》を行《おこな》っていた場合《ばあい》は、転職《てんしょく》する日本企業《にほんきぎょう》の雇用《こよう》に関《かん》する在留資格《ざいりゅうしかく》の手続《てつづ》きを確認《かくにん》する必要《ひつよう》があります。

転職《てんしょく》する日本企業《にほんきぎょう》の雇用《こよう》に関《かん》する在留資格《ざいりゅうしかく》の手続《てつづ》きとして、外国人《がいこくじん》は、①就労資格《しゅうろうしかく》証明書《しょうめいしょ》の取得手続《しゅとくてつづ》きを行《おこな》った方《ほう》が良《よ》い場合《ばあい》、②在留期間更新申請《ざいりゅうきかんこうしんしんせい》の手続《てつづ》きが必要《ひつよう》な場合《ばあい》、③在留資格変更許可申請《ざいりゅうしかくへんこうきょかしんせい》の手続《てつづ》きが必要《ひつよう》な場合《ばあい》、の3つの手続《てつづ》きのどれに該当《がいとう》するのか、確認《かくにん》する必要《ひつよう》があります。図表《ずひょう》8―5は、外国人《がいこくじん》が日本企業《にほんきぎょう》に転職《てんしょく》する際《さい》に確認《かくにん》する必要《ひつよう》があることです。

図表8-5　転職時に必要な手続き

確認事項	内容
①就労資格証明書の取得手続きを行った方が良い場合	前職の時に交付された在留資格「技術・人文知識・国際業務」は、前職の業務内容に基づいたものです。前職の業務内容と別の日本企業等に転職した際の業務内容が同じであれば、在留資格に関する手続きを行う必要はありません。しかし、前職の業務内容と別の日本企業等に転職した際の業務内容が同じかどうか判断しにくい場合もあります。 就労資格証明書は、転職先での業種、担当する職務内容などを具体的に示して就労資格証明書を申請することによって、転職先での仕事の内容が現在持っている在留資格の内容に適合しているかどうかを事実上確認することができます。
②在留期間更新申請の手続きが必要な場合	前職の業務内容と別の日本企業等に転職した際の業務内容が同じで在留期間の満了日が近い場合は、在留期間更新申請が必要です。
③在留資格変更許可申請の手続きが必要な場合	職種や仕事の内容が異なり、その結果、自分の持っている在留資格において許される活動内容（入管法別表記載の「本邦において行うことのできる活動」）の範囲を逸脱することとなる場合には、他の適当な在留資格への変更が必要になります。例えば、証券会社で証券アナリストの仕事をしていた人が大学の教師になるというような場合には、「技術・人文知識・国際業務」から「教授」などへの在留資格の変更が必要となります。

（出所）第一東京弁護士会人権擁護委員会国際人権部会編『外国人の法律相談Q＆A第三次改訂版』ぎょうせい，2016、194-196頁

ところで、外国人《がいこくじん》が日本企業《にほんきぎょう》に転職《てんしょく》した後《あと》は、何《なに》か手続《てつづ》きをする必要《ひつよう》はあるのでしょうか。

法務省《ほうむしょう》出入国在留管理庁《しゅつにゅうこくざいりゅうかんりちょう》によれば、契約機関《けいやくきかん》の名称《めいしょう》若《も》しくは所在地《しょざいち》の変更《へんこう》若《も》しくはその消滅又《しょうめつまた》は契約機関《けいやくきかん》との契約《けいやく》の終了《しゅうりょう》若《も》しくは新《あら》たな契約《けいやく》の締結《ていけつ》があった「技術《ぎじゅつ》・人文知識《じんぶんちしき》・国際業務《こくさいぎょうむ》」などの在留資格《ざいりゅうしかく》を有《ゆう》する中長期在留者《ちゅうちょうきざいりゅうしゃ》については、上記《じょうき》の事由《じゆう》が生《しょう》じた日《ひ》から14日以内《にちいない》に所属《しょぞく》（契約《けいやく》）機関《きかん》に関《かん》する届出《とどけで》を最寄《もよ》りの地方出入国在留管理官署《ちほうしゅつにゅうこくざいりゅうかんりかんしょ》に届出《とどけで》する必要《ひつよう》があります。

【参考文献】

第一東京弁護士会人権擁護委員会国際人権部会編『外国人の法律相談Q＆A 第三次改訂版』ぎょうせい、２０１６年

予定を確認！

第《だい》9章《しょう》　日本《にほん》企業《きぎょう》の仕組《しく》み

1　採用《さいよう》から退職《たいしょく》までの流《なが》れ

採用《さいよう》が決《き》まり、在留資格《ざいりゅうしかく》の変更《へんこう》が済《す》むと、留学生《りゅうがくせい》の皆《みな》さんはいよいよ入社《にゅうしゃ》となります。ところが、就職活動《しゅうしょくかつどう》に日本独特《にほんどくとく》の制度《せいど》や慣習《かんしゅう》があったように、入社《にゅうしゃ》してからの企業生活《きぎょうせいかつ》でも、皆《みな》さんが生《う》まれ育《そだ》った国《くに》や地域《ちいき》とは異《こと》なるさまざまなことに向《む》き合《あ》うはずです。

そこで本章《ほんしょう》では、日本企業《にほんきぎょう》で働《はたら》く時《とき》に知《し》っておいた方《かた》がよい法律《ほうりつ》、制度《せいど》、慣習《かんしゅう》について見《み》ておきましょう。

①　採用《さいよう》・試用期間《しようきかん》

「採用《さいよう》」とは、使用者《しようしゃ》（＝経営者《けいえいしゃ》）が労働者《ろうどうしゃ》（＝社員《しゃいん》）を雇《やと》い入《い》れることで、法律《ほうりつ》では「雇用《こよう》」といいます。採用《さいよう》が決《き》まった時点《じてん》で、法的《ほうてき》には労働契約《ろうどうけいやく》が成立《せいりつ》します。

日本《にほん》では、学生《がくせい》（卒業予定者《そつぎょうよていしゃ》）を在学中《ざいがくちゅう》に採用《さいよう》し、卒業後《そつぎょうご》に入社《にゅうしゃ》させるという方式《ほうしき》がとられてきました。採用《さいよう》が決《き》まった入社前《にゅうしゃまえ》の人《ひと》を「採用内定者《さいようないていしゃ》」と呼《よ》びます。採用内定者《さいようないていしゃ》は正式入社前《せいしきにゅうしゃまえ》なので、企業《きぎょう》のルール（就業規則《しゅうぎょうきそく》）に従《したが》う義務《ぎむ》はありませんが、内定先企《ないていさきき》業《ぎょう》から求《もと》められた必要書類《ひつようしょるい》を正当《せいとう》な理由《りゆう》なしに提出《ていしゅつ》しないと、最悪《さいあく》の場合《ばあい》には「内定取《ないていと》消《けし》」の理由《りゆう》となります。

多《おお》くの企業《きぎょう》では新入社員《しんにゅうしゃいん》に対《たい》して3～6カ月程度《かげつていど》の「試用期間《しようきかん》」を設《もう》けていて、この期間中《きかんちゅう》に新入社員《しんにゅうしゃいん》を試《こころ》みに使用《しよう》し、社員《しゃいん》としての適格性《てきかくせい》を判断《はんだん》して正式《せいしき》に本社員《ほんしゃいん》として採用《さいよう》するかを決定《けってい》します。試用期間中《しようきかんちゅう》の勤務成績《きんむせいせき》、態度《たいど》、能率《のうりつ》、健康状態等《けんこうじょうたいなど》により社員《しゃいん》として不適格《ふてきかく》と認《みと》められた場合《ばあい》や、書類《しょるい》や申告《しんこく》の内容《ないよう》に虚偽《きょぎ》があった場合《ばあい》には、本採用《ほんさいよう》を拒否《きょひ》することがあります。

② 職場生活《しょくばせいかつ》

採用《さいよう》されて入社《にゅうしゃ》すると、職場生活《しょくばせいかつ》が始《はじ》まります。職場《しょくば》には上司《じょうし》と部下《ぶか》の関係《かんけい》をはじめ、さまざまな人間関係《にんげんかんけい》があり、多《おお》くの守《まも》るべきルールがあります。ルールを守《まも》らないと懲戒《ちょうかい》処分《しょぶん》を受《う》け、最悪《さいあく》の場合《ばあい》は解雇《かいこ》される（＝クビになる）こともあります。

企業《きぎょう》と労働契約《ろうどうけいやく》を結《むす》んで入社《にゅうしゃ》した社員《しゃいん》は、労働義務《ろうどうぎむ》を負《お》います。労働義務《ろうどうぎむ》とは、労働契《ろうどうけい》約《やく》により約束《やくそく》された労務《ろうむ》を提供《ていきょう》する義務《ぎむ》をいい、「命《めい》じられた仕事《しごと》が完全《かんぜん》にできる心身《しんしん》の状態《じょうたい》」で出勤《しゅっきん》することは当然《とうぜん》の前提《ぜんてい》です。ですから始業時間《しぎょうじかん》に遅刻《ちこく》することや、〝極度《きょくど》の寝不足《ねぶそく》〟や〝二日酔《ふつかよ》い〟の状態《じょうたい》で出勤《しゅっきん》するのは労務義務違反《ろうむぎむいはん》になります。

企業《きぎょう》には多《おお》くの場合《ばあい》、上司《じょうし》と部下《ぶか》のような縦《たて》の関係《かんけい》に加《くわ》えて、職場《しょくば》の同僚《どうりょう》との横《よこ》の関係《かんけい》があります。たくさんの社員一人《しゃいんひとり》ひとりが勝手《かって》な行動《こうどう》をとっていては仕事《しごと》が進《すす》みません。職場《しょくば》の秩序《ちつじょ》を守《まも》ることも社員《しゃいん》が守《まも》るべき大切《たいせつ》なルールです。もし業務中《ぎょうむちゅう》に職場《しょくば》を混乱《こんらん》させて他人《たにん》の仕事《しごと》を妨《さまた》げるようなこと（いわゆるハラスメントを含《ふく》む）をすれば、当然懲戒処分《とうぜんちょうかいしょぶん》の対象《たいしょう》になります。

また、一般《いっぱん》に日本《にほん》の労働契約《ろうどうけいやく》では、経営者側《けいえいしゃがわ》に社員《しゃいん》が提供《ていきょう》すべき具体的《ぐたいてき》な労働《ろうどう》の種類《しゅるい》、場所《ばしょ》などを決定《けってい》し、またはその変更《へんこう》を命《めい》じることができる権限《けんげん》があるとされていて、これを「人事権《じんじけん》」といいます。社員《しゃいん》は、「転勤《てんきん》や配置転換《はいちてんかん》がない」ことを約束《やくそく》して採用《さいよう》されたのでない限《かぎ》り、人事権《じんじけん》に基《もと》づく命令《めいれい》に従《したが》わなければなりません。

③ 就業規則《しゅうぎょうきそく》

就業規則《しゅうぎょうきそく》とは、社員《しゃいん》が守《まも》らなければならない就業上《しゅうぎょうじょう》の規律《きりつ》と職場秩序《しょくばちつじょ》および労働条件《ろうどうじょうけん》についての具体的内容《ぐたいてきないよう》を定《さだ》め、それを経営者《けいえいしゃ》が明文化《めいぶんか》したものをいいます。就業規則《しゅうぎょうきそく》の具体的《ぐたいてき》な内容《ないよう》は、次《つぎ》の通《とお》りです。

a　始業及《しぎょうおよ》び終業《しゅうぎょう》の時刻《じこく》、休憩時間《きゅうけいじかん》、休日《きゅうじつ》、休暇《きゅうか》
b　賃金《ちんぎん》の決定《けってい》、計算及《けいさんおよ》び支払方法《しはらいほうほう》、昇給《しょうきゅう》
c　退職《たいしょく》（解雇《かいこ》の事由《じゆう》を含《ふく》む）
d　退職手当《たいしょくてあて》の決定《けってい》、計算及《けいさんおよ》び支払方法《しはらいほうほう》、支払時期《しはらいじき》
e　安全《あんぜん》・衛生《えいせい》
f　職業訓練《しょくぎょうくんれん》
g　災害補償及《さいがいほしょうおよ》び業務外《ぎょうむがい》の傷病扶助《しょうびょうふじょ》

④ 労働時間《ろうどうじかん》・休日《きゅうじつ》・休暇《きゅうか》

労働基準法《ろうどうきじゅんほう》の定《さだ》める法定労働時間《ほうていろうどうじかん》は「1週間《しゅうかん》40時間《じかん》／1日《にち》8時間《じかん》（いずれも休憩時間《きゅうけいじかん》を

除《のぞ》く）」で、経営者《けいえいしゃ》は原則《げんそく》としてこの時間《じかん》を超《こ》える労働《ろうどう》を社員《しゃいん》にさせてはいけないことになっています。ただし、同法《どうほう》36条《じょう》に基《もと》づく労使協定《ろうしきょうてい》（＝三六（さぶろく）協定《きょうてい》）がある場合《ばあい》は延長可能《えんちょうかのう》です。

休日《きゅうじつ》とは労働契約《ろうどうけいやく》、就業規則《しゅうぎょうきそく》などであらかじめ「労働義務《ろうどうぎむ》がない日《ひ》」と定《さだ》められている日《ひ》のことで、非労働日《ひろうどうび》に当《あ》たります。労働基準法《ろうどうきじゅんほう》では「使用者《しようしゃ》は、労働者《ろうどうしゃ》に対《たい》して、毎週少《まいしゅうすく》なくとも1回《かい》の休日《きゅうじつ》を与《あた》えなければならない」とされています。現在《げんざい》は週休《しゅうきゅう》2日《か》制《せい》の企業《きぎょう》が多《おお》くありますが、労働基準法《ろうどうきじゅんほう》の法定休日《ほうていきゅうじつ》は1日《にち》のみで、もう1日《にち》は法定外《ほうていがい》の会社休日《かいしゃきゅうじつ》になります。

休日《きゅうじつ》と似《に》たものに休暇《きゅうか》がありますが、これは労働義務《ろうどうぎむ》の免除《めんじょ》を社員側《しゃいんがわ》の申《もう》し出《で》によって得《え》た日《ひ》のことです。休暇《きゅうか》には、年次有給休暇《ねんじゆうきゅうきゅうか》、産前《さんぜん》・産後休暇《さんごきゅうか》、生理休暇《せいりきゅうか》のように「法律《ほうりつ》の定《さだ》めによって発生《はっせい》する法定休暇《ほうていきゅうか》」と、有給休暇《ゆうきゅうきゅうか》や慶弔休暇《けいちょうきゅうか》のように「就業規則《しゅうぎょうきそく》や労働協約《ろうどうきょうやく》の定《さだ》めによって発生《はっせい》するその会社独自《かいしゃどくじ》の休暇《きゅうか》」、さらには、育児休業《いくじきゅうぎょう》、介護休業《かいごきゅうぎょう》、子《こ》の看護休業《かんごきゅうぎょう》のように「特別法《とくべつほう》の定《さだ》めによる休暇《きゅうか》」があります。

⑤ 人事異動《じんじいどう》

人事異動《じんじいどう》とは、社員《しゃいん》が会社《かいしゃ》の命令《めいれい》によって従事《じゅうじ》する業務《ぎょうむ》、勤務場所《きんむばしょ》、地位《ちい》などとは異《こと》なる別《べつ》の業務《ぎょうむ》、勤務場所《きんむばしょ》、地位《ちい》などに移行《いこう》して従事《じゅうじ》し、勤務《きんむ》することをいいます。人事異動《じんじいどう》には、派遣《はけん》、配置転換《はいちてんかん》、転勤《てんきん》のように、労働契約《ろうどうけいやく》を結《むす》んで採用《さいよう》された会社《かいしゃ》の中《なか》における「企業内人事異動《きぎょうないじんじいどう》」と、出向《しゅっこう》、転籍《てんせき》のように、労働契約《ろうどうけいやく》を結《むす》んでいない別《べつ》の会社《かいしゃ》に異動《いどう》してその会社《かいしゃ》の従業員《じゅうぎょういん》としても業務《ぎょうむ》に従事《じゅうじ》することになる「企業間人事異動《きぎょうかんじんじいどう》」に分《わ》けられます。

労働契約《ろうどうけいやく》を結《むす》ぶにあたっては、本来《ほんらい》ならば「どこで働《はたら》くか」「どういう仕事《しごと》をするか」は、契約上《けいやくじょう》の重要《じゅうよう》な要素《ようそ》なので、きちんと取《と》り決《き》めをするべきですが、日本《にほん》では、そういう取《と》り決《き》めをしないで「会社《かいしゃ》のいう仕事《しごと》を会社《かいしゃ》のいう場所《ばしょ》でします」ということを前提《ぜんてい》として契約《けいやく》するのが通例《つうれい》になっています。

⑥ 退職《たいしょく》・解雇《かいこ》

退職《たいしょく》も解雇《かいこ》も、共《とも》に会社《かいしゃ》と社員《しゃいん》の「労働契約《ろうどうけいやく》の終了《しゅうりょう》」を指《さ》しますが、「解雇《かいこ》」とは、経《けい》営者側《えいしゃがわ》からする労働契約《ろうどうけいやく》の一方的《いっぽうてき》な解除《かいじょ》で、「退職《たいしょく》」とは、それ以外《いがい》の労働契約《ろうどうけいやく》の終了《しゅうりょう》のことです。

退職《たいしょく》のなかで一般的《いっぱんてき》なのが、定年《ていねん》による退職《たいしょく》です。定年制《ていねんせい》とは、労働契約《ろうどうけいやく》の終期《しゅうき》の定《さだ》めで、社員《しゃいん》がその年齢《ねんれい》に達《たっ》した時《とき》に自動的《じどうてき》に労働契約《ろうどうけいやく》が終了《しゅうりょう》し、社員《しゃいん》の地位《ちい》を失《うしな》う制度《せいど》をいいます。したがって、社員《しゃいん》の意思《いし》いかんにかかわらず自動的《じどうてき》に退職《たいしょく》となるものです。

なお、1998年《ねん》4月《がつ》1日《にち》以降《いこう》は、高年齢者雇用安定法《こうねんれいしゃこようあんていほう》の改正《かいせい》によって、「事業主《じぎょうぬし》がその雇用《こよう》する労働者《ろうどうしゃ》の定年《ていねん》の定《さだ》めをする場合《ばあい》には、当該定年《とうがいていねん》は60歳《さい》を下回《したまわ》ることができない」とされたため、定年《ていねん》を60歳以上《さいいじょう》とすることが義務化《ぎむか》されています。

2　妊娠《にんしん》・出産《しゅっさん》・育児《いくじ》のルール

男女雇用機会均等法《だんじょこようきかいきんとうほう》は、「労働者《ろうどうしゃ》が性別《せいべつ》により差別《さべつ》されることなく、また女性労働者《じょせいろうどうしゃ》にあっては母性《ぼせい》を尊重《そんちょう》されつつ、充実《じゅうじつ》した職業生活《しょくぎょうせいかつ》を営《いとな》むことができるようにする」ことをその基本的理念《きほんてきりねん》としています。これに関連《かんれん》して、労働基準法《ろうどうきじゅんほう》、男女雇用機会均等法《だんじょこようきかいきんとうほう》、育児《いくじ》・介護《かいご》休業法《きゅうぎょうほう》において、労働者《ろうどうしゃ》の母性保護《ぼせいほご》や育児《いくじ》に関《かん》し、職業生活《しょくぎょうせいかつ》との調和《ちょうわ》を図《はか》るために労働時間《ろうどうじかん》などの取扱《とりあつか》いについて各種《かくしゅ》の勤務上《きんむじょう》の措置《そち》が定《さだ》められています。

妊娠《にんしん》・出産《しゅっさん》・育児《いくじ》についての主《おも》な勤務上《きんむじょう》の措置《そち》は、以下《いか》の通《とお》りです。

●妊娠中《にんしんちゅう》の労働者《ろうどうしゃ》に対《たい》する勤務上《きんむじょう》の措置《そち》

a　時間外《じかんがい》・休日労働《きゅうじつろうどう》・深夜業《しんやぎょう》の禁止《きんし》

b　勤務時間《きんむじかん》の変更《へんこう》・短縮《たんしゅく》など

c　休憩時間《きゅうけいじかん》の措置《そち》

d　産前休業《さんぜんきゅうぎょう》（6週間《しゅうかん》）

●出産後《しゅっさんご》の1年内《ねんない》の労働者《ろうどうしゃ》に対《たい》する勤務上《きんむじょう》の措置《そち》

a　産後休業《さんごきゅうぎょう》（8週間《しゅうかん》）

b　育児休業《いくじきゅうぎょう》

c　所定外労働《しょていがいろうどう》の免除《めんじょ》

d　所定労働時間短縮《しょていろうどうじかんたんしゅく》等措置《とうそち》

e　時間外《じかんがい》・休日労働《きゅうじつろうどう》・深夜業《しんやぎょう》の禁止《きんし》

f　育児時間《いくじじかん》の付与《ふよ》

g　医師指導《いししどう》による勤務時間《きんむじかん》の変更《へんこう》・短縮等《たんしゅくなど》の措置《そち》

●1年経過後《ねんけいかご》の育児中《いくじちゅう》の労働者《ろうどうしゃ》に対《たい》する勤務上《きんむじょう》の措置《そち》（子《こ》の年齢《ねんれい》に応《おう》じて具体的内容《ぐたいてきないよう》は変《か》わります。）

a　育児休業《いくじきゅうぎょう》

b　育児休業《いくじきゅうぎょう》に準《じゅん》ずる措置《そち》または時短《じたん》などの措置《そち》

c　所定外労働《しょていがいろうどう》の免除《めんじょ》

d　時間外労働《じかんがいろうどう》の制限《せいげん》

e　深夜業《しんやぎょう》の禁止《きんし》

f　子《こ》の看護休暇付与義務《かんごきゅうかふよぎむ》

g　就業場所《しゅうぎょうばしょ》の変更《へんこう》を伴《ともな》う配転《はいてん》についての配慮《はいりょ》

3　福利厚生《ふくりこうせい》

皆《みな》さんは、就職《しゅうしょく》してから働《はたら》いて得《え》られる対価《たいか》は現金《げんきん》で支給《しきゅう》される給与《きゅうよ》（給料《きゅうりょう》、賞与《しょうよ》、手《て》当《あて》など）だというイメージが強《つよ》いかもしれません。しかし実際《じっさい》には、企業《きぎょう》は社員《しゃいん》のために福利厚生費《ふくりこうせいひ》という費用《ひよう》を支出《ししゅつ》していて、それらは社員《しゃいん》や家族《かぞく》の生活《せいかつ》に役立《やくだ》つものです。ですから企業研究《きぎょうけんきゅう》をする際《さい》には、給与《きゅうよ》の額《がく》だけを気《き》にするのではなく、どのような福利厚生《ふくりこうせい》があるかも気《き》にしてほしいものです。

企業訪問《きぎょうほうもん》の際《さい》に、「どのような福利厚生《ふくりこうせい》の仕組《しく》みがありますか。」とひとこと聞《き》いてみるとよいでしょう。

日本経済団体連合会《にほんけいざいだんたいれんごうかい》の「第《だい》62回《かい》福利厚生費調査結果報告《ふくりこうせいひちょうさけっかほうこく》２０１７年度《ねんど》」によると、従業員一人《じゅうぎょういんひとり》一カ月当《かげつあ》たりで計算《けいさん》して現金給与総額《げんきんきゅうよそうがく》が５５・８万円《まんえん》であるのに対《たい》し、福利厚生費《ふくりこうせいひ》は１０・８万円《まんえん》で、現金給与《げんきんきゅうよ》に対《たい》する福利厚生費《ふくりこうせいひ》の比率《ひりつ》が１９・４％に達《たっ》しています。すなわち企業《きぎょう》は、給与《きゅうよ》の約《やく》20％という大《おお》きな金額《きんがく》を社員《しゃいん》の福利厚生《ふくりこうせい》のために支出《ししゅつ》しているわけです。

それが十分《じゅうぶん》な金額《きんがく》で、内容《ないよう》が社員《しゃいん》の望《のぞ》む形《かたち》になっていれば、その会社《かいしゃ》は社員思《しゃいんおも》いの良《よ》い会社《かいしゃ》ということができます。

4　給与明細《きゅうよめいさい》のチェックポイント

以下《いか》の給与明細表《きゅうよめいさいひょう》（イメージ）は、日本《にほん》に留学《りゅうがく》して大学卒業後就職《だいがくそつぎょうごしゅうしょく》（小売業《こうりぎょう》）して二年《にねん》目《め》の方《かた》の協力《きょうりょく》を得《え》て作成《さくせい》したものです（数字《すうじ》は少《すこ》し変《か》えてあります）。これを例《れい》に給与明細《きゅうよめいさい》を確認《かくにん》してみましょう。

基本給《きほんきゅう》は、手当《てあて》などを含《ふく》まない基本《きほん》となる給料《きゅうりょう》をいいます。残業手当《ざんぎょうてあて》や賞与《しょうよ》（ボーナス）、退職金《たいしょくきん》などは基本給《きほんきゅう》をもとに計算《けいさん》されますので、総支給額《そうしきゅうがく》が同《おな》じなら基本給《きほんきゅう》が高《たか》い方《ほう》が社員《しゃいん》にとっては有利《ゆうり》になります。

図表《ずひょう》9―1の例《れい》では、残業手当《ざんぎょうてあて》が0となっていますが、もし残業《ざんぎょう》をした場合《ばあい》には、その時間《じかん》に応《おう》じて残業手当《ざんぎょうてあて》が支給《しきゅう》されます。

役割給《やくわりきゅう》とは、役割等級《やくわりとうきゅう》（各人《かくじん》が果《は》たすべき役割《やくわり》による格付《かくづ》け）に基《もと》づいて支払《しはら》われる給与《きゅうよ》をいいます。

住宅手当《じゅうたくてあて》とは、企業《きぎょう》が社員《しゃいん》に住宅費用《じゅうたくひよう》を補助《ほじょ》する福利厚生《ふくりこうせい》のことで、「社員《しゃいん》が借《か》りてい

図表9-1　給与明細書（イメージ）

支給	**基本給**		**193,000**	
	残業手当		**0**	
	役割給		10,000	
	住宅手当		21,000	
	その他手当		4,500	
	総支給額			228,500
控除	健康保険料	12,500		
	厚生年金保険料	24,000		
	雇用保険料	750		
	社会保険料計		37,250	
	所得税		2,950	
	住民税		9,800	
	食費		3,400	
	組合費		450	
	その他控除		4,600	
	控除計			58,450
差引支給額				170,050

る物件《ぶっけん》の家賃《やちん》の一部《いちぶ》を負担《ふたん》するケース」と「従業員《じゅうぎょういん》の持《も》ち家《いえ》の住宅《じゅうたく》ローン返済《へんさい》を補助《ほじょ》するケース」に分類《ぶんるい》されます。支給《しきゅう》される金額《きんがく》は企業《きぎょう》によって異《こと》なりますし、支給《しきゅう》しない企業《きぎょう》も多《おお》くあります。

社会保険料《しゃかいほけんりょう》（＝健康保険料《けんこうほけんりょう》＋厚生年金保険料《こうせいねんきんほけんりょう》＋雇用保険料《こようほけんりょう》）は、社員《しゃいん》、企業《きぎょう》、国《くに》が負担《ふたん》する形《かたち》になっていて、社員《しゃいん》の負担額《ふたんがく》が給与《きゅうよ》支給《しきゅう》総額《そうがく》から差《さ》し引《ひ》かれます。上《うえ》の例《れい》では、さらに組合費《くみあいひ》（労働組合《ろうどうくみあい》の会費《かいひ》）と食費《しょくひ》（社員食堂費用《しゃいんしょくどうひよう》のうち社員負担分《しゃいんふたんぶん》）が差《さ》し引《ひ》かれています。

そして最後《さいご》に税金《ぜいきん》（所得税《しょとくぜい》と住民税《じゅうみんぜい》）が差《さ》し引《ひ》かれて、残《のこ》った金額《きんがく》が社員《しゃいん》に支給《しきゅう》されることになります。

給与水準《きゅうよすいじゅん》は業界《ぎょうかい》・業種《ぎょうしゅ》・職種《しょくしゅ》・企業《きぎょう》ごとに大《おお》きく異《こと》なりますが、上《うえ》の例《れい》は入社《にゅうしゃ》二年目《にねんめ》社員《しゃいん》の実例《じつれい》に基《もと》づいて作《つく》ってありますので参考《さんこう》にしてください。

5　社会保険《しゃかいほけん》の諸制度《しょせいど》

社会保険《しゃかいほけん》は、病気《びょうき》・けが、死亡《しぼう》などの不測《ふそく》の事故《じこ》や老後《ろうご》の生活《せいかつ》に備《そな》えて、働《はたら》く人《ひと》たちが収入《しゅうにゅう》に応《おう》じて保険料《ほけんりょう》を出《だ》し合《あ》い、これに事業主《じぎょうぬし》（＝会社《かいしゃ》）も負担《ふたん》して、必要《ひつよう》な時《とき》に医療《いりょう》や介護《かいご》、年金《ねんきん》・一時金《いちじきん》の給付《きゅうふ》を行《おこな》い、生活《せいかつ》の安定《あんてい》を図《はか》る目的《もくてき》で作《つく》られた社会的制度《しゃかいてきせいど》です。

社会保険《しゃかいほけん》は、法律《ほうりつ》で加入義務《かにゅうぎむ》があります。

この節《せつ》では社会保険《しゃかいほけん》のうち、医療保険《いりょうほけん》と年金保険《ねんきんほけん》について説明《せつめい》します。

① 医療保険《いりょうほけん》

留学生《りゅうがくせい》の皆《みな》さんの多《おお》くが加入《かにゅう》している医療保険《いりょうほけん》は、「国民健康保険《こくみんけんこうほけん》」ですが、民間企《みんかんき》業《ぎょう》に就職《しゅうしょく》して社員《しゃいん》になると、「健康保険《けんこうほけん》」に加入《かにゅう》することになります。

健康保険《けんこうほけん》に加入《かにゅう》すると、加入者《かにゅうしゃ》（被保険者《ひほけんしゃ》）本人《ほんにん》や家族《かぞく》（被扶養者《ひふようしゃ》）が医者《いしゃ》にかかった時《とき》に、原則《げんそく》として医療費《いりょうひ》の7割《わり》が給付《きゅうふ》され、自己負担《じこふたん》が3割《わり》で、1カ月《かげつ》の自己負担額《じこふたんがく》が自己負担限度額《じこふたんげんどがく》を超《こ》えた時《とき》は超《こ》えた分《ぶん》が払《はら》い戻《もど》されるなどの、さまざまなメリットを受《う》けることができます。その他《ほか》、傷病手当金《しょうびょうてあてきん》、出産育児一時金《しゅっさんいくじいちじきん》、出産手当金《しゅっさんてあてきん》、埋葬料《まいそうりょう》なども、健康保険《けんこうほけん》の加入《かにゅう》によって受《う》けられる給付《きゅうふ》です。

健康保険《けんこうほけん》の被保険者証《ひほけんしゃしょう》は、健康保険《けんこうほけん》の身分証明証《みぶんしょうめいしょう》に当《あ》たります。健康保険《けんこうほけん》で医者《いしゃ》にかかる時《とき》は、必《かなら》ず保健医療機関《ほけんいりょうきかん》の窓口《まどぐち》に提出《ていしゅつ》しなければなりません。健康保険《けんこうほけん》の保険料《ほけんりょう》は、被保険者《ひほけんしゃ》が受《う》け取《と》る給料《きゅうりょう》・手当《てあて》、賞与《しょうよ》の総額《そうがく》によって決定《けってい》され、事業主《じぎょうぬし》と被保険者《ひほけんしゃ》が半《はん》分《ぶん》ずつ負担《ふたん》します。

② 厚生年金保険《こうせいねんきんほけん》

厚生年金保険《こうせいねんきんほけん》は、民間企業《みんかんきぎょう》の事業所《じぎょうしょ》に勤《つと》めている勤労者《きんろうしゃ》を対象《たいしょう》（被保険者《ひほけんしゃ》）としており、厚生年金保険《こうせいねんきんほけん》の保険料《ほけんりょう》は、被保険者《ひほけんしゃ》が受《う》け取《と》る給料《きゅうりょう》・手当《てあて》、賞与《しょうよ》の総額《そうがく》にもとづき決定《けってい》され、事業主《じぎょうぬし》と被保険者《ひほけんしゃ》が半分《はんぶん》ずつ負担《ふたん》します。

1986年《ねん》4月《がつ》1日《にち》から実施《じっし》された現在《げんざい》の年金制度《ねんきんせいど》では、国民年金《こくみんねんきん》からは、すべての国《こく》民《みん》に共通《きょうつう》する基礎年金《きそねんきん》が支給《しきゅう》され、厚生年金保険《こうせいねんきんほけん》からは、原則《げんそく》として、基礎年金《きそねんきん》に上乗《うわの》せする報酬比例《ほうしゅうひれい》の年金《ねんきん》が支給《しきゅう》されるという、いわゆる「二階建《にかいだ》て」の年金給付《ねんきんきゅうふ》の仕組《しく》みになっています。

国民年金《こくみんねんきん》からは、すべての国民《こくみん》に共通《きょうつう》する給付《きゅうふ》として、基礎年金《きそねんきん》が支給《しきゅう》されます。基礎《きそ》年金《ねんきん》には、65歳以後《さいいご》支給《しきゅう》される「老齢基礎年金《ろうれいきそねんきん》」、障害者《しょうがいしゃ》になった時《とき》に支給《しきゅう》される「障害《しょうがい》基礎年金《きそねんきん》」、死亡《しぼう》した時《とき》に配偶者《はいぐうしゃ》または子《こ》に支給《しきゅう》される「遺族基礎年金《いぞくきそねんきん》」の3種類《しゅるい》があります。

一方《いっぽう》、厚生年金保険《こうせいねんきんほけん》からは、原則《げんそく》として、基礎年金《きそねんきん》に上乗《うわの》せする形《かたち》で「老齢厚生年金《ろうれいこうせいねんきん》」「障害厚生年金《しょうがいこうせいねんきん》」「遺族厚生年金《いぞくこうせいねんきん》」の3種類《しゅるい》が支払《しはら》われます。

【参考文献】

安西愈『トップ・ミドルのための採用から退職までの法律知識〔十四訂〕』中央経済社、２０１３年
菊池馨実『社会保障法　第2版』有斐閣、２０１８年
社会保険研究所『社会保険のてびき　平成30年度版』社会保険研究所、２０１８年
日本経済団体連合会「第62回福利厚生費調査結果報告２０１７年度」『わかりやすい社会保障制度』ぎょうせい、２０１８年　https://www.facebook.com/norikadzu.doro/posts/4453949756l1339

おわりに

本書《ほんしょ》の著者《ちょしゃ》である「一般社団法人留学生就職《いっぱんしゃだんほうじんりゅうがくせいしゅうしょく》サポート協会《きょうかい》」は、「日本《にほん》での就職《しゅうしょく》を希《き》望《ぼう》する留学生《りゅうがくせい》と留学生《りゅうがくせい》を採用《さいよう》したい日本企業《にほんきぎょう》の橋渡《はしわた》し役《やく》を果《は》たす」という基本理念《きほんりねん》のもとに、企業関係者《きぎょうかんけいしゃ》や大学《だいがく》・学校関係者《がっこうかんけいしゃ》によって結成《けっせい》された組織《そしき》です。

当協会《とうきょうかい》の就職《しゅうしょく》サポートの大《おお》きな特徴《とくちょう》は、単《たん》に留学生《りゅうがくせい》と企業《きぎょう》を結《むす》びつけるのではなく、日本語能力試験《にほんごのうりょくしけん》N1合格《ごうかく》を目指《めざ》す「N1塾《じゅく》」をはじめとした各種《かくしゅ》のセミナーで、さまざまな知識《ちしき》やスキルを習得《しゅうとく》することによって、留学生《りゅうがくせい》を企業《きぎょう》のニーズに合致《がっち》した人材《じんざい》へのブラッシュアップを実現《じつげん》し、その後《あと》に企業《きぎょう》とのマッチングを図《はか》るというプロセスを用《もち》いているところです。

こうしたセミナーに興味《きょうみ》をお持《も》ちの方《かた》は、当協会《とうきょうかい》のホームページ（https://rsk.or.jp/）で詳細《しょうさい》をご確認《かくにん》のうえ、お申《もう》し込《こ》みください。

本書《ほんしょ》を締《し》めくくるにあたり、読者《どくしゃ》の方《かた》にお願《ねが》いしたいことが1つあります。就職活動《しゅうしょくかつどう》をめぐる環境《かんきょう》は、時々刻々《じじこくこく》目《め》まぐるしく変化《へんか》します。したがって、本書《ほんしょ》もその時々《ときどき》の状況《じょうきょう》を的確《てきかく》に反映《はんえい》するために、絶《た》えず改訂《かいてい》を繰《く》り返《かえ》す覚悟《かくご》で出版《しゅっぱん》されています（現《げん》に本書《ほんしょ》も、「はじめに」で紹介《しょうかい》した通《とお》り、前著《ぜんちょ》『留学生《りゅうがくせい》の日本《にほん》就職《しゅうしょく》ガイド二〇二一《にせんにじゅういち》』を留学生《りゅうがくせい》からの声《こえ》に基《もと》づいて進化《しんか》させたものです）。

そこでもし、留学生《りゅうがくせい》として、もしくは留学生《りゅうがくせい》を支援《しえん》する立場《たちば》として、「こんな内容《ないよう》も追加《ついか》して欲《ほ》しい」とか「この部分《ぶぶん》はこのように修正《しゅうせい》すべきだ」というご意見《いけん》やご指示《しじ》がありましたら、後輩《こうはい》たちや日本各地《にほんかくち》で頑張《がんば》っている他《ほか》の留学生《りゅうがくせい》のためにも、是非《ぜひ》とも出版社《しゅっぱんしゃ》（有限会社論創社《ゆうげんがいしゃろんそうしゃ》）までお寄《よ》せいただきたいと思《おも》います。

絶《た》えず留学生《りゅうがくせい》のニーズを取《と》り込《こ》み、改善《かいぜん》を積《つ》み重《かさ》ねることで、日本《にほん》での就職《しゅうしょく》を希望《きぼう》する留学生《りゅうがくせい》にとって、真《しん》に役立《やくだ》つガイドブックになると考《かんが》えているからです。

この本《ほん》が、あなたの夢《ゆめ》の実現《じつげん》に少《すこ》しでも役《やく》に立《た》つことを、心《こころ》から願《ねが》っております。

寺石《てらいし》雅英《まさひで》

執筆者一覧《しっぴつしゃいちらん》

松尾《まつお》　敏行《としゆき》（まつお　としゆき）

一橋《ひとつばし》大学《だいがく》経済《けいざい》学部《がくぶ》卒業《そつぎょう》。㈱リコーで経理《けいり》・財務《ざいむ》・工場《こうじょう》会計《かいけい》・投資家《とうしか》向《む》け広報《こうほう》（ＩＲ）、環境《かんきょう》コミュニケーション業務《ぎょうむ》等《など》に従事《じゅうじ》し、『リコーグループ環境《かんきょう》経営《けいえい》報告書《ほうこくしょ》』編集《へんしゅう》長《ちょう》も務《つと》める。中央《ちゅうおう》大学《だいがく》大学院《だいがくいん》国際《こくさい》会計《かいけい》研究《けんきゅう》科《か》修士《しゅうし》課程《かてい》修了《しゅうりょう》。横浜《よこはま》国立《こくりつ》大学《だいがく》大学院《だいがくいん》博士《はくし》課程《かてい》後期《こうき》修了《しゅうりょう》［博士《はくし》（経営学《けいえいがく》）］。現在《げんざい》、日本《にほん》経済《けいざい》大学《だいがく》大学院《だいがくいん》教授《きょうじゅ》。担当《たんとう》は基礎《きそ》ゼミ（留学生《りゅうがくせい》クラス）、会計学《かいけいがく》、税務《ぜいむ》会計論《かいけいろん》、専門《せんもん》ゼミ、財務《ざいむ》会計《かいけい》研究《けんきゅう》、経営《けいえい》分析《ぶんせき》研究《けんきゅう》、環境《かんきょう》会計《かいけい》研究《けんきゅう》、研究《けんきゅう》指導《しどう》。（執筆《しっぴつ》担当《たんとう》：第《だい》7章《しょう》、第《だい》9章《しょう》）

山下《やました》　誠矢《せいや》（やました　せいや）

群馬《ぐんま》大学《だいがく》社会《しゃかい》情報《じょうほう》学部《がくぶ》卒業《そつぎょう》。横浜《よこはま》市立《しりつ》大学《だいがく》大学院《だいがくいん》国際《こくさい》マネジメント研究《けんきゅう》科《か》博士《はくし》前期《ぜんき》課程《かてい》修了《しゅうりょう》［修士《しゅうし》（経営学《けいえいがく》）］。企業《きぎょう》でコンサルティング業務《ぎょうむ》従事《じゅうじ》後《ご》、早稲田《わせだ》文理《ぶんり》専門《せんもん》学校《がっこう》経営《けいえい》ビジネス系《けい》教員《きょういん》／教務《きょうむ》主任《しゅにん》等《など》を経《へ》て、日本《にほん》経済《けいざい》大学《だいがく》経営《けいえい》学部《がくぶ》経営学科《けいえいがっか》准教授《じゅんきょうじゅ》／教務部長《きょうむぶちょう》補佐《ほさ》（現職《げんしょく》）。留学生《りゅうがくせい》を対象《たいしょう》として経営《けいえい》日本語《にほんご》を担当《たんとう》。専門《せんもん》分野《ぶんや》は、経営学《けいえいがく》、キャリア教育《きょういく》、留学生《りゅうがくせい》教育《きょういく》。（執筆《しっぴつ》担当《たんとう》：第《だい》2章《しょう》、第《だい》8章《しょう》）

竹内《たけうち》　健太《けんた》（たけうち　けんた）
明治《めいじ》大学《だいがく》法学部《ほうがくぶ》法律学科《ほうりつがっか》卒業《そつぎょう》。広告《こうこく》企業《きぎょう》でイベント・ＣＭ制作《せいさく》業務《ぎょうむ》従事《じゅうじ》後《ご》、日本語《にほんご》教師《きょうし》に。その後《ご》、タイ王国《おうこく》バンコクへ。専任《せんにん》講師《こうし》として、現地《げんち》の大学《だいがく》と日本語《にほんご》学校《がっこう》にて様々《さまざま》な文化《ぶんか》背景《はいけい》を持《も》った学習者《がくしゅうしゃ》と接《せっ》する。帰国後《きこくご》、都内《とない》日本語《にほんご》学校《がっこう》非常勤《ひじょうきん》講師《こうし》を経《へ》て、現在《げんざい》、日本《にほん》経済《けいざい》大学《だいがく》経営《けいえい》学部《がくぶ》経営《けいえい》学科《がっか》専任《せんにん》講師《こうし》。海外《かいがい》就職《しゅうしょく》活動《かつどう》と留学《りゅうがく》、そして趣味《しゅみ》である海外《かいがい》一人旅《ひとりたび》での経験《けいけん》を活《い》かし、留学生《りゅうがくせい》の立場《たちば》や心情《しんじょう》を考《かんが》えながら留学生《りゅうがくせい》教育《きょういく》に携《たずさ》わる。（執筆《しっぴつ》担当《たんとう》：第《だい》４章《しょう》、第《だい》６章《しょう》）

寺石《てらいし》　雅英《まさひで》（てらいし　まさひで）
一橋《ひとつばし》大学《だいがく》商学部《しょうがくぶ》、一橋《ひとつばし》大学《だいがく》大学院《だいがくいん》商学《しょうがく》研究科《けんきゅうか》博士《はくし》課程《かてい》をそれぞれ卒業《そつぎょう》・修了《しゅうりょう》。名古屋《なごや》商科《しょうか》大学《だい》学《がく》助教授《じょきょうじゅ》、群馬《ぐんま》大学《だいがく》社会《しゃかい》情報《じょうほう》学部《がくぶ》教授《きょうじゅ》を経《へ》て、大妻《おおつま》女子《じょし》大学《だいがく》キャリア教育《きょういく》センター教授《きょうじゅ》／群馬《ぐんま》大《だい》学《がく》名誉《めいよ》教授《きょうじゅ》（現職《げんしょく》）。この間《あいだ》、郵政《ゆうせい》研究所《けんきゅうじょ》、日本《にほん》資産《しさん》流動化《りゅうどうか》研究所《けんきゅうじょ》、建設《けんせつ》経済《けいざい》研究所《けんきゅうじょ》、道路《どうろ》経済《けいざい》研究所《けんきゅうじょ》等《など》の客員《きゃくいん》研究員《けんきゅういん》、国際《こくさい》ベンチャー企業《きぎょう》協議会《きょうぎかい》監事《かんじ》などを歴任《れきにん》。さらに上場《じょうじょう》企業《きぎょう》２社《しゃ》（株）カーブスホールディングス、（株）エスイーの取締役《とりしまりやく》や監査役《かんさやく》も務《つと》める。（執筆《しっぴつ》担当《たんとう》：はじめに、第《だい》５章《しょう》、おわりに）

南雲《なぐも》　智《さとる》（なぐも　さとる）
一般《いっぱん》社団《しゃだん》法人《ほうじん》留学生《りゅうがくせい》就職《しゅうしょく》サポート協会《きょうかい》理事長《りじちょう》。論創社《ろんそうしゃ》顧問《こもん》。桜美林《おうびりん》学園《がくえん》顧問《こもん》。東京《とうきょう》都立《とりつ》大学《だいがく》名誉《めいよ》教授《きょうじゅ》。（執筆《しっぴつ》担当《たんとう》：第《だい》１章《しょう》、第《だい》３章《しょう》）

一般社団法人留学生就職サポート協会定款抜粋

（目的）

第3条　この法人は、日本で学ぶ外国人留学生の日本での就職を推進するため、企業と連携を図るとともに、留学生と企業に向けて、就職にかかわる教育、啓発活動を行い、優秀な外国人留学生の日本企業への就職希望の実現によって、現在、日本の産業界が直面している人材不足の解消に寄与することを目的とする。

留学生の就活入門
――日本で就職したい留学生のために

二〇二〇年五月三〇日　初版第一刷発行

編著者　南雲智・寺石雅英

発行者　一般社団法人留学生就職サポート協会

発　売　論創社
東京都千代田区神田神保町二－二三北井ビル
郵便番号一〇一－〇〇五一

装　幀　宗利淳一

イラスト　田中真紀

組　版　フレックスアート

印刷・製本　中央精版印刷株式会社

ISBN978-4-8460-1947-1